河出文庫

終着駅へ行ってきます

宮脇俊三

河出書房新社

終着駅へ行ってきます　目次

北海道

東北・関東

中部

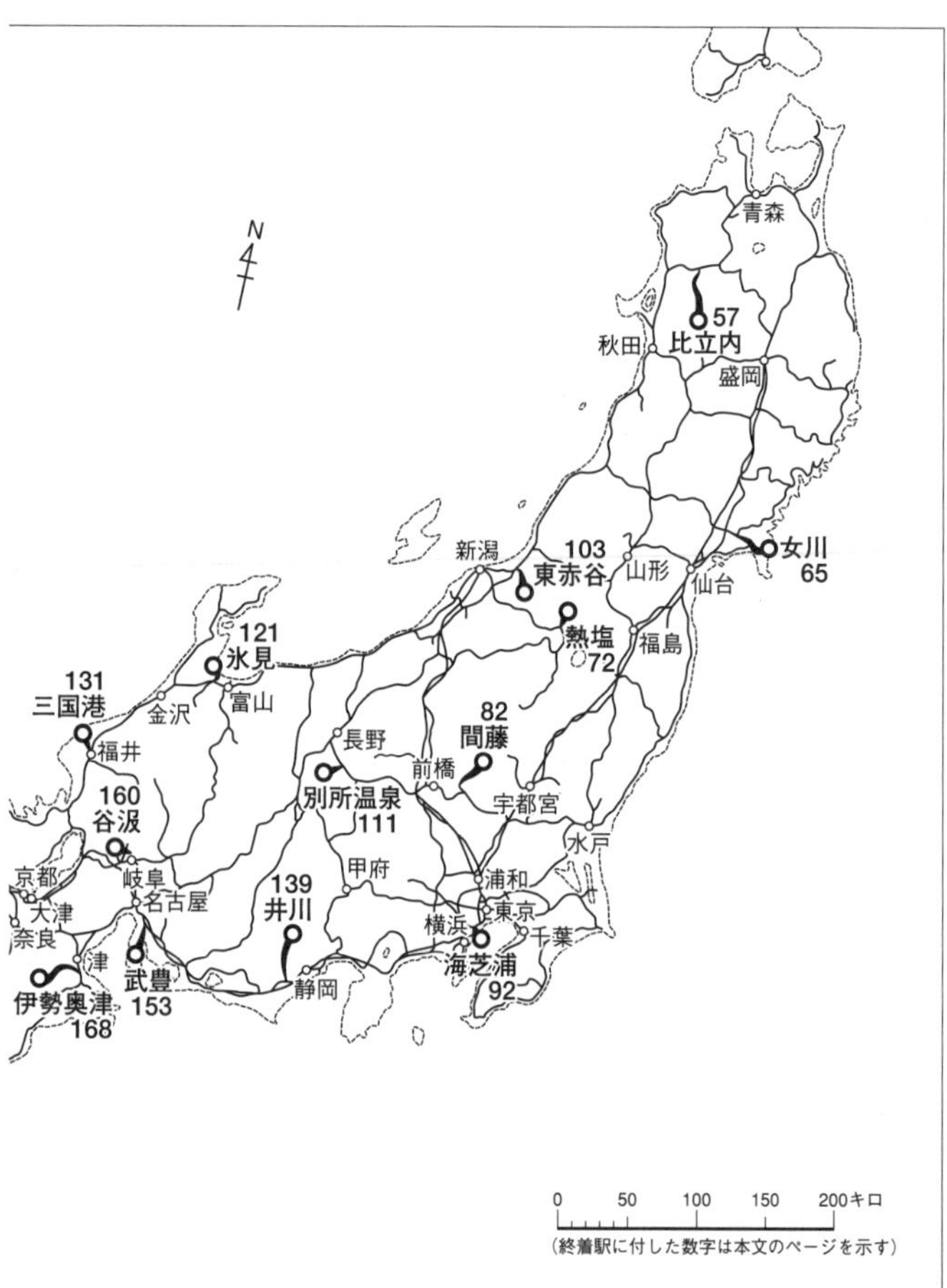

N
青森
57
比立内
秋田
盛岡
103
東赤谷
新潟
山形
仙台
女川
65
熱塩
72
福島
121
氷見
富山
金沢
131
三国港
福井
82
間藤
長野
前橋
宇都宮
別所温泉
111
160
谷汲
水戸
岐阜
京都
大津
奈良
名古屋
甲府
浦和
東京
139
井川
横浜
千葉
津
武豊
153
静岡
海芝浦
92
伊勢奥津
168
0
50
100
150
200キロ
(終着駅に付した数字は本文のページを示す)

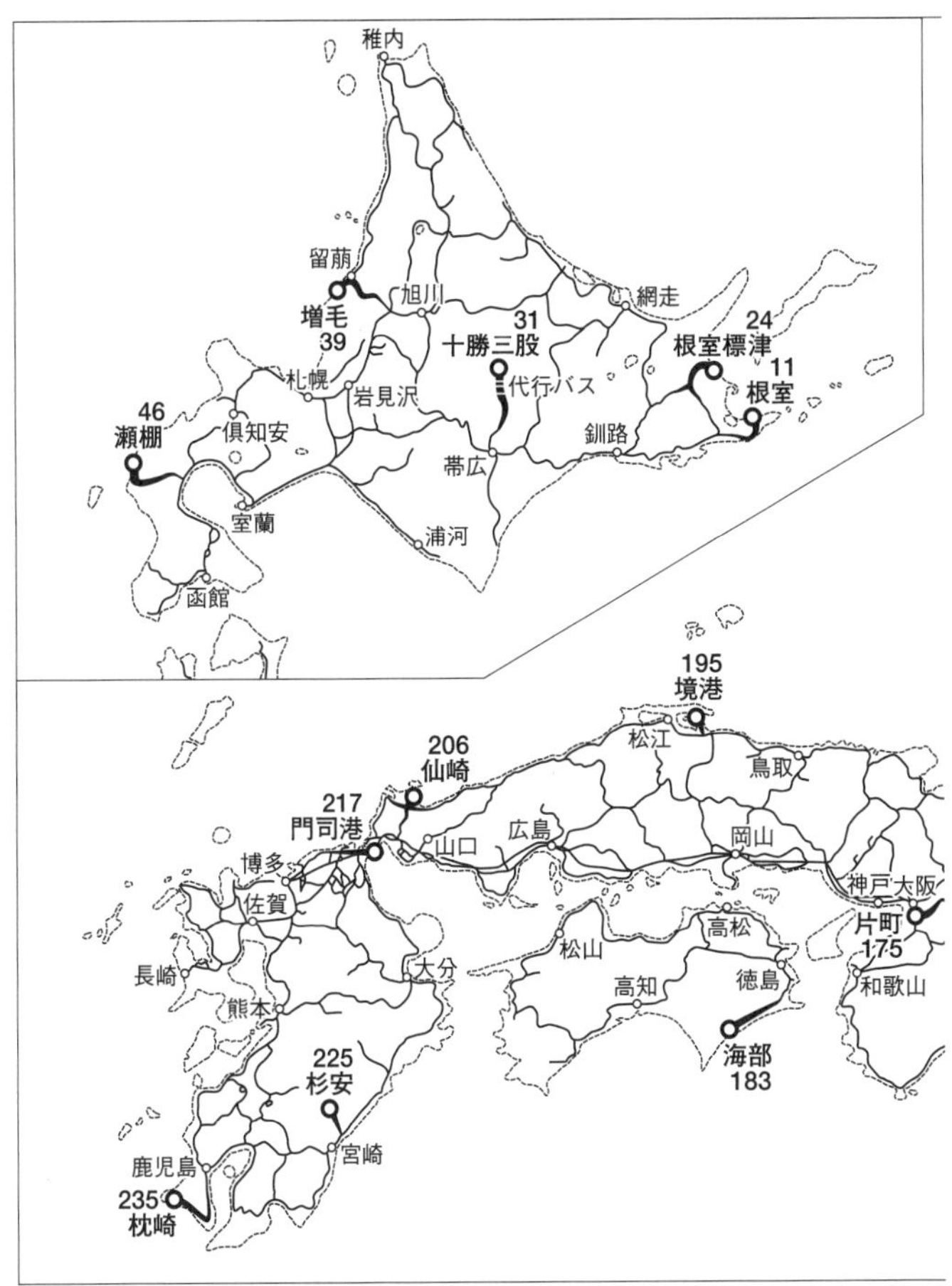
稚内
留萌
増毛
39
旭川
31
十勝三股
代行バス
網走
24
根室標津
11
根室
札幌
岩見沢
46
瀬棚
倶知安
釧路
帯広
室蘭
浦河
函館
195
境港
松江
206
仙崎
鳥取
217
門司港
広島
岡山
山口
博多
佐賀
神戸
大阪
片町
175
高松
松山
長崎
大分
高知
徳島
和歌山
熊本
海部
183
225
杉安
宮崎
鹿児島
235
枕崎

終着駅へ行ってきます

根室［根室本線］

札幌から夜行列車に乗るのは、大好きである。とくに冬がいい。

飛行機による旅が普及し、東北や上越にも新幹線ができて、夜行列車の利用者と運転本数が減り、私自身も夜行に乗る機会が少なくなってきたが、札幌から道東、道北方面へ向うときは、なるべく夜行列車に乗るようにしている。

この方面への夜行列車は現在三本ある。いずれも普通急行の「客車列車」、つまり機関車が牽引する「汽車」らしい列車で、稚内行の「利尻」、網走行の「大雪5号」、釧路行の「まりも3号」が揃っている。

これらの夜行に乗って夜が明け、窓外に広がる湿原や原野や結氷した湖に接したときの新鮮な感動。汽車旅ならではの巧まざる演出で、その感銘は何回乗っても変らない。

今回は、札幌発22時10分の「まりも3号」に乗ることにし、二月六日（昭和五八年）の日曜日、羽田発18時の日航機で出発した。暖冬で遅れていたオホーツク海の流氷がようやく着岸したとの情報も入っていた。

私は青函連絡船も好きで、国鉄から表彰されてもいいと思うくらいよく利用するし、東京―札幌間の旅客のシェアが「飛行機九五％、鉄道五％」という惨憺たる状態だと知ってからは、ますます情が移っているけれど、札幌発の夜行列車で道東、道北を目指すときだけは飛行機を利用する。一夜明ければさい果て、という演出の効果が一層際立つからである。そのかわり、もちろん帰りは青函連絡船に乗るつもりである。

「北海道立体ワイド周遊券」（片道のみ航空機）を内ポケットに入れ、幾度乗っても肌に合わないジェット機で揺れながら千歳空港に着いてみると、「札幌雪まつり」の大きなポスターが貼ってあり、「2月6日まで」となっている。つまり、きょうまでである。

思いがけずも幸運なことなので、大通公園に立寄り、雪の展覧会を拝見してから札幌駅に行った。

釧路行の「まりも3号」は5番線に停車していた。見るからに夜汽車といった古びた車両がつらなっている。

一昨年の一〇月に石勝線が開通して札幌から道東への距離が短縮され、札幌から釧路まで五時間で到達できるようになっていらい、「まりも3号」の利用客は減り、影がうすくなっている。

けれども、きょうは満員であった。「雪まつり」のためであろう。子ども連れの客が多い。寝台車の車掌に、なかなか乗車率がよくて結構じゃないですか、と話しかけてみ

ると、

「いつもは、この半分以下ですね。下段が全部ふさがるのがやっとで、上段にまで乗っていただくことは、めったにありません」

とのことであった。今夜の私は上段である。

下り勾配の気配で眼を覚ます。午前二時すこし前、狩勝峠を下っているのであろう。もう一眠りして、こんどは子どもの泣き声で眼を覚ます。五時を過ぎている。

「この子、熱があるんじゃないかしら。おでこが熱いわ」

「雪まつりでハシャギすぎたからな。風邪をひいたんだろう」

そんな会話が下段から聞こえてきた。

窓外が薄明るくなって、うっすらと雪をかぶった湿原が広がり、定刻6時

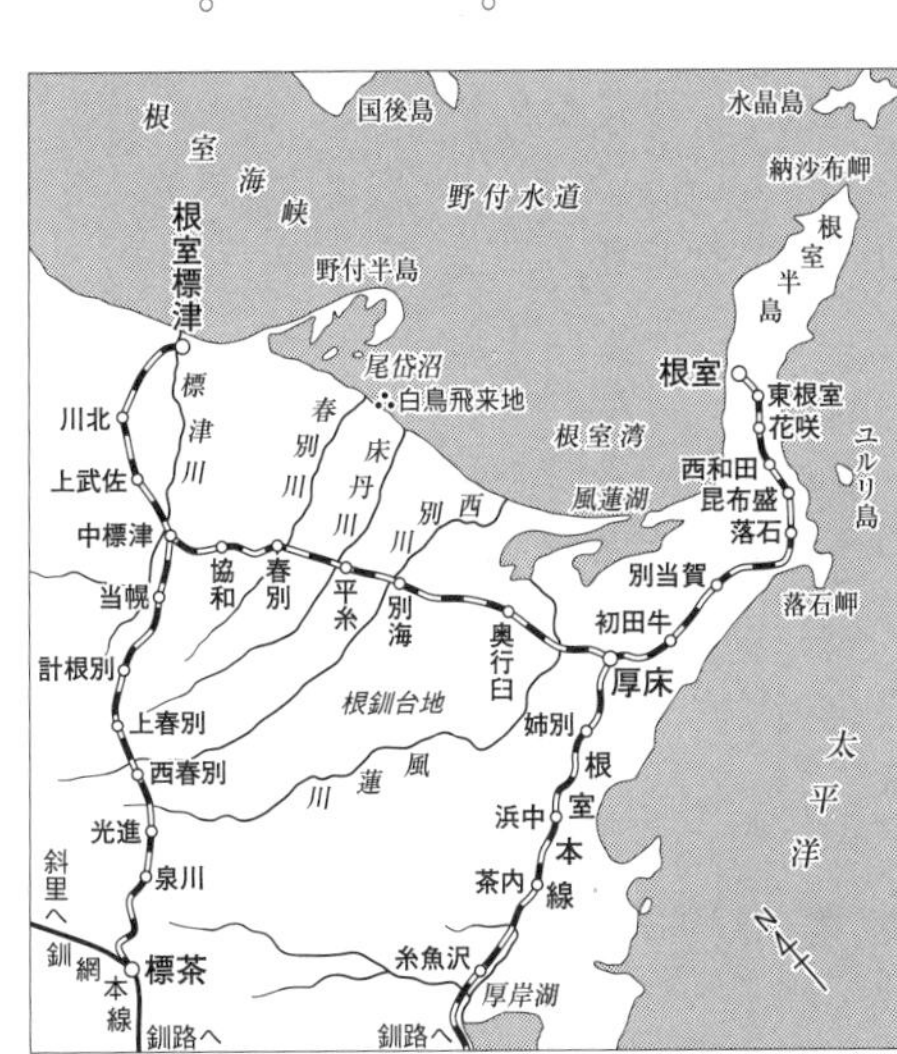

15分、終着の釧路に着いた。

横なぐりに吹きつける粉雪が、「まりも3号」の床下から吹き出す暖房用の蒸気に煽られて、ホームを舞っている。

そのホームで駅弁とミソ汁を買い、すぐ接続する急行「ノサップ1号」根室行に乗りこむ。

釧路は根室本線の途中駅なのだが、札幌方面からの下り列車は、すべて釧路止まりになっていて、根室まで直通する列車は一本もない。しかも、釧路以遠は運転本数が半減し、列車の編成も短くなり、レールも細くなって、にわかにローカル線の趣を呈してくる。千島をソ連に占領され、有力な漁場を失ってさびれた根室を象徴しているのだろうか。

けれども、釧路以遠の一三五・四キロこそ、さい果ての旅情ひとしお深い路線である。急行「ノサップ1号」は、ディーゼルカー二両という短い編成であった。どう見ても「急行」の貫禄はなく、座席も鈍行とおなじ四人向い合わせである。私は特急や急行に自由に乗れる周遊券を持っているからいいけれど、向いの席のおばさんは、「根室まで」と言って車掌に急行料金を払っている。なんだか気の毒な気がしてくる。

二両のローカル急行「ノサップ1号」は6時24分に釧路を発車した。

氷片の浮く釧路川を渡り、東釧路で網走への釧網本線を左へ分岐すると、両側に丘陵が迫って、つぎの別保から原生林のなかの登りにかかる。雪は止んだが、樹々の枝は夜来の降雪で白い。

カラマツやモミ、そのほか私の知らない木がいろいろあるが、やはり目立つのはエゾマツとトドマツである。

北海道の木といえば、まずエゾマツとトドマツだろうが、この二つの見分けがつかなくて困る、と私は以前に書いたことがある。すると親切な人がいて、見分け方を手紙で教えてくれた。

——天までとどけとばかり枝を上向きに出しているのがトドマツ

——天までとどかんでもええぞと、枝をやや下向きに出しているのがエゾマツ

これで、ようやく私にも見分けがつくようになったが、冬に来てみると、雪の重みで枝の下ったのもあり、またわからなくなってきた。

それにしても、窓ガラスが、すぐ曇る。

北海道の車両は、防寒のために窓が二枚ある。それが外の寒気と車内の暖房の温度差で曇っている。とくに外側の窓ガラスの曇りかたがひどい。まるで擦りガラスだ。はるばる北海道の果てまで来て、外が見えなくてはつまらない。

それで、内側の窓を上げ、外側の窓ガラスを拭くのだが、これが水蒸気の氷着したや

つで、持参のティッシュ・ペーパーぐらいでは剝がれない。亀の子タワシでも持ってくればよかったと後悔しながら、駅弁の蓋でガリガリと削る。しかし、外がよく見えるようになったと喜ぶのも束の間で、たちまち車内の湿気が氷着して曇りはじめる。けさの釧路駅のホームは、しびれるような寒さだったし、ようやく冬の北海道らしい寒波がやってきたにちがいない。

原生林の丘陵を越えて尾幌(おぼろ)原野へ下ると、右から海が近づき、最初の停車駅厚岸(あっけし)に着く。釧路から五〇分ちかくノンストップで走りつづけてきたのだが、二〇分か三〇分ぐらいにしか感じない。北海道、とくに、さい果てと言われる地方の列車に乗ると、いつも時間の感覚がおかしくなる。

厚岸を発車すると、まず、一面に結氷した厚岸湖の岸に沿って走り、ついでチライカリベツ川を遡る。これが淋しさきわまる川で、ヨシなどの水生植物が一面に茂るだけの蕭条としたところを流れている。人跡はまったくない。原始そのままの姿をとどめているにちがいない。

「ノサップ1号」は、そんな何もないところを東へ東へと走る。どこへ行く当てもないけれど線路が敷いてあるから走るしかありません、といったような走りかたである。

チライカリベツ川が、いつとはなく消えると、針葉樹林帯に入る。これがまた、とりとめのないところで、ときどき樹林が切れると小さな湿原が現れ、あるいは細い流れを渡る。それがくりかえされる。私は去年の四月に乗ったシベリア鉄道を思い出した。それでも、約一〇キロごとに駅があり、周辺にはわずかな人家がある。しかし、それは「点」で、駅を過ぎれば、また何もなくなる。

茶内（ちゃない）、浜中と停車するうちに、あたりが開けて牧場やサイロが現れ、7時59分、厚床に着いた。駅名は「あっとこ」と訓（よ）む。促音のおかげで愛らしい響きになり、厚い敷布団を連想したりして、一度聞いたら忘れられない。もちろん、もとはアイヌ語で、「アットクトーペッ」（ニレの木のある川）からきているという。

厚床で左へ標津線が分れる。これはあとで乗る予定になっている。

さて、厚床を発車した。これから根室までの四五キロは、日本の鉄道路線のなかで私のもっとも好きな区間である。

まず湿原を走る。ヨシの茂る茫洋とした原っぱに葉を落したヤチハンノキやミズナラが細い枝をくねらせて寒々と点在し、寄生植物のサルオガセにからみつかれて枯れかかったのもある。

湿原が終り、初田牛（はったうし）を過ぎると、つぎの別当賀（べっとが）までの右窓に密植されたカラマツやトドマツの林がつづく。防雪林か防風林のようだが、ところどころに「防霧保安林」の札が立っている。北海道東部の太平洋岸は、沖合で暖流と寒流がぶつかり合うので霧が発生しやすく、この霧に災いされて作物が育たないのだという。しのびよる霧を木が防ぐとは根室本線に乗るまで知らなかったことである。どれだけの効果があるものかという気もするが、これだけ盛大に植林してあるからには効き目があるにちがいない。左窓にサイロが点々と見え、牧草地が広がっているのは、「防霧林」のおかげなのだろう。しかし、畑は見当たらない。

別当賀を過ぎると防霧林は消え、不毛地帯に入る。あたりは熊笹に被われた緩やかな丘が広がるばかりで、わずかに丈の低い灌木がひれ伏したように点在するにすぎない。風が吹くと熊笹の葉が裏を見せて淡緑色になり、それが波のように丘を匍(は)い上っていく。眼に見えない巨大な獣が闊歩しているかのようだ。これは日本の風景ではない。沿海州のナホトカあたりの景観に似ている。

突然、右窓が開けて海蝕崖の上に出る。

厚岸から根室へかけての台地は海から四、五〇メートル隆起して陸地になったところで、上は平坦だが海岸は波に削られて絶壁になっている。

右後方の厚岸へとつづく海岸も、右前方に近づいてきた落石(おちいし)岬も、横一文字の平たい台地が断ち切られたように海に落ちている。

とくに、狭い海峡をはさんで横たわるユルリ島の形状は異様だ。黒い板を浮かべたかのように真っ平らな島である。

まもなく、花咲港を右下に見下ろすと、にわかに青い屋根の人家が続々と出現する。ついで幾基もの無線塔や団地。根室市の気配が迫ってきた。

ひたすら東へ東へと走りつづけてきた「ノサップ1号」は、ここで進路を北から西へと変えながら小さな無人駅を通過する。これが日本最東端の駅「東根室」である。線路は、根室の町の南に切れこんだ湿地の東側を迂回しながら市街地に進入するので、終着駅の一つ手前の駅が最東端になっている。


定刻8時45分、根室着。貨物用の線路は数本あるが、旅客用としては駅舎側に片面ホームが一面あるだけで、したがって、跨線橋も地下道もない。このほうが乗り降りには便利だが、炭鉱線の終着駅のような簡素な駅である。

駅舎を出て振りかえると、北に面した木造平屋の軒から一列にツララが下っている。

駅前は広々とした円形の広場で、その先に幅の広い通りが延びている。北海道の町の多くがそうであるように都市計画が立派なわりにはビルや車が少ないので、閑散としている。広場に雪はなかった。

その円形広場の左手に納沙布（のさっぷ）岬行のバスの発着所があり、流行のヤッケを着、赤や青の布袋をさげた若者たちが二〇人くらい並んでいる。私も列に並んだが、やはり戸外に立つと寒い。若い人たちも襟をすくめ、ポケットに手を入れて、震えながら跳びはねている。

人通りも車も少なく、道幅のみ広い根室の大通りは、路傍に掻き寄せられた雪が土埃りで茶褐色に汚れ、ハバロフスクの街を思い出させた。

大通りを抜けて根室の市街地を出はずれると、信号機一つない坦々とした納沙布岬への一本道で、バスは専用道路を行くかのように走る。あたりの景観も熊笹やヨシの茂る低い丘陵や湿地で、根室本線の車窓から見たのと、さして変りはない。まだ「ノサップ1号」に乗っているような錯覚をおぼえる。

けれども、すでに海蝕崖はなく、バスは、ときどき海辺を走る。荒涼とした海岸のところどころに番屋があり、昆布干しの木枠が眼に入る。そして、何よりも目立ってきたのは、いたるところに立てられた「返せ、北方領土」の看板であった。

約二〇分ほどノンストップで走りつづけたバスは、ようやく歯舞で停車し、一人の老人を降ろした。かつては、この歯舞と根室を結ぶ「根室拓殖鉄道」という軽便鉄道があり、わずか一五キロを正一時間もかかって走っていたのだが、昭和三四年九月に廃止されている。

歯舞から納沙布岬まではすぐで、バスは一〇分たらずで終着に着いた。

納沙布岬を訪れるのは、これが二度目である。一度も行ったことのないところが私の住む東京の近くにでさえ数限りなくあるのに、選りに選って遠い遠い納沙布岬に、なぜ二度もやって来たのかは、自分でもわからない。好きな根室本線の延長線上にあるためかもしれない。

前回は昭和四五年二月、つまり一三年前であった。

旅をしていて、かつて来たことのある場所に立つと、年月の経過の虚しさが身に沁みる。おなじ十何年ぶりかの再会でも、旧友の場合は互いに齢をとって白髪なども増え、肝臓がどうとかいう共通の話題もあって、とにかく生きてきたという年輪を感じるからいいけれど、相手が天然自然の場合は、山は山、岬は岬で、変ることなく悠久としている。だから人生の年月の、はかなさを感じてしまう。相手がわるいのである。

そういう苦い経験を積んできているので、納沙布岬にバスが停ったとき、

「一三年経っているのだぞ、覚悟しろ」

と自分に言い聞かせた。

だが、納沙布岬は前回とはちがっていた。

一三年前は、風の強い日で、積った雪が舞い上って視界をかすめ、両手で顔を被って一吹きが終るのを待たなければ前へ進めなかった。

きょうは、雪もなければ強い風も吹いていない。あのときは、たどり着くのがやっとだった「納沙布岬」の立札が、すぐそこにある。その右手に灯台も見えている。まったた

く別の岬に来たかのようである。

しかも、あのときは、私を含めて客が二人しかいなかったのに、今回は派手な服装の若者たちが二〇人もいる。「北方館」という新しい瀟洒な建物も眼に入る。昔のほうがよかったと言うつもりはないが、納沙布岬は一三年前とはちがっていた。

若い人たちと共に灯台の根元に立つ。

前方八キロにソ連が占領している水晶島が見えている。板のような薄っぺらい島だ。私は、去年、ソビエトを旅行したばかりである。向うに入ってしまえば、どこもおなじように男と女がいて接吻などしているし、金欲物欲なども万国共通で、とくにどうということはなかったが、いま、納沙布岬に立って朧ろに霞む水晶島を眺めていると、得体の知れぬ不気味な奴らのいる島として見えてくるのは不思議なことではある。

その水晶島との間に二隻の軍艦が浮かんでいる。スクリューを止めて、じっとしているらしいが、さすが海難の名所として知られる珸瑤瑁海峡だけあって、艫と舳先が交互に激しく上下している。色の黒い武骨な軍艦だから、日本の海上自衛隊の巡視船ではない。

若い人たちが、あの船は日本かソ連か、と囁き合っている。日本とソ連の見分けがつかないのも困る。それで、あれはソ連の監視船ですよと教えた。

ソ連の船だと断言してみたものの、多少の不安を覚えたので、急ぎ足にバス停へ戻り、雑貨店のおかみさんに訊ねた。

「もちろん、ソ連の監視船ですよ。ときどき、ああしてやって来ているんです」

そして、

「それに、きょうは二月七日ですから」

と、つけ加えた。

「二月七日？」

「北方領土の日ですよ」

そんな記念日のあることは知らなかった。

さっそく北方館に立寄ってパンフレットを見た。二月七日を記念日にしたのは、幕末に下田で締結された「日本国露西亜国通好条約」の調印日が安政元年（一八五五）の二月七日であったのに因むと書いてある。けれども、納沙布岬の周辺には、それらしき行事の行われる気配も飾りつけもなかった。

根室標津［標津線］

納沙布（のさっぷ）岬からバスで根室に引返すうちに、にわかに天候が変って、吹雪になった。根室駅前広場は、わずか三時間たらずのあいだに純白になり、商店の人たちが雪かきをしている。

駅前の食堂で「花咲ガニ天丼」の昼食。店のテレビが、寒波がきて、けさの釧路はマイナス八度であったと報じていた。

タクシーを拾い、「コマイ釣りを見たいのだが」と訊ねてみる。コマイは「氷下魚」とも書くように、氷に穴をあけて釣る魚である。淡水湖の場合はワカサギだが、海ではコマイを釣る。白身の魚で、生干しを焼いて食べると淡白な味が最高だという。

運転手がつれて行ってくれたのは港であった。なるほど、白い平原の上に点々と黒い人影が前かがみに坐っている。運動場か原っぱに雪が積ったように見えるけれど、もちろん下は海で、氷の厚さは、今年は薄くて一五センチぐらいとのことであった。

何センチ以上なら人がのっても大丈夫なのかは知らないが、一五センチでは薄いような気がする。

恐る恐る氷の上に降りる。あちこちに直径二〇センチぐらいの穴があいていて、気をつけないとツマ先を突っこみかねない。

そろりそろりと氷の上を歩いて、一人の釣人に近づく。

二、三分立ち止まって見ていたが一匹も釣れない。冬の風物詩としてテレビなどで紹介されるのを見ると、ワカサギやコマイが続々とかかってくるが、ここはそうではなかった。

ようやく糸が引いて一匹釣れた。二〇センチたらずの細身の魚である。魚籠を覗くと、五、六匹しか入っていない。

これで商売になるかと心配になったので、その旨を訊ねると、釣人のおっさんは凍えたような顔で苦笑した。コマイ漁は網でやるもので、氷に穴をあけて一匹ずつ釣るのは遊びなのだそうだ。

「これ、寒いしなあ。シンドイもんですわ」

と、おっさんは言う。じっさい、雪は横なぐりに顔に当たるし、趣味の場としては最低である。にもかかわらず、気長に坐って小魚を待つ人、それをわざわざ見に来る者、お互いに物好きだと思う。

さて、つぎは厚床（あっとこ）からの標津（しべつ）線である。

根室から厚床までは根室本線で戻ってもよいが、私は国道44号線を車でとばしてみることにした。根室本線は根室半島の南岸寄りに敷かれているが、国道は北岸に沿っていて、途中には白鳥で知られる風蓮湖がある。

車は吹雪をついて国道を走った。

前方が白く霞み、視界はきかない。それでも車は六〇キロでとばす。

白く深いヴェールのなかから橙色のフォグ・ランプを灯したトラックが姿を現したかと思うと、雪煙りを巻き上げてすれちがう。ちょっとスリップすればお終いだからスリルがある。

事故はないのかと訊ねると、よくありますよと、運転手は平然としている。急がなくても標津線の列車には十分間に合うからと言って、スピードを下げてもらったが、すれちがうトラックのほうの速度は変らないから、やはり手に汗を握る。

タクシーなんかに乗るんじゃなかったと後悔していると、運転手が、

「こんな商売でも露助に捕まるよりはいいですわ」

と言う。

この運転手は、もとカニ漁船の機関士だったが、一〇年ほど前に色丹島の沖でソ連の監視船に拿捕され、六ヵ月のあいだ国後島に抑留されたのだそうである。

「機関銃はつきつけられるし、朝から晩まで石切りをやらされるしで、それでイヤにな

っちゃいましてね。タクシーに鞍替えしたんですよ」

この運転手の場合は転業できたからいいけれど、他に職のない漁民はソ連の領海内に侵入しなければ食べていけない。日本側の安全な海で網を下ろしても、カニは「チョボチョボ」としかかかってこないが、ソ連の領海内に入ったとたんに五倍も一〇倍もの水揚げがあるのだそうだ。

「イカなんざ、ソ連の海なら針が底まで届かんのですよ」

「？」

「錘(おもり)がイカの背中に乗っかっちゃって、下へ落ちんのです。それほど露助の海には魚がいるんですよ。チクショウ！」

だから拿捕の危険を冒してソ連の領海内に入る漁船は跡を絶たない。これらの船は「特攻船」と呼ばれ、四トン級の小さな船にも一八〇馬力のエンジンを二基も装備して逃げ足を速くする。ソ連の監視船に発見されると、停船を命ずる照明弾が頭上で炸裂する。これが二発放たれて、なお停船しなければ実弾が飛んでくる。その間に領海外に脱出できるかどうかが運命の分れ目で、全速力で逃げるときは小さな漁船の舳先が天に向って突っ立つという。

吹雪は、ますます激しくなって視界が霞み、風蓮湖も白鳥も見えずに厚床に着いた。

厚床からは標津線に乗るのだが、標津線という線は、このほかにもう一本ある。釧網本線の標茶を起点とし、中標津を経て根室標津に至る六九・四キロの線で、この二本は中標津で接して「イ」の字型をなしている。標茶起点の線のほうには釧路からの直通列車が走っており、運転本数も多いので、どちらかといえば、あっちが本線で、これから私が乗る厚床—中標津間七・五キロのほうは支線といった格好になっている。運転本数も一日わずか四往復で、こんどの中標津行は15時19分の発車である。

厚床駅の小さな待合室の中央に置かれたストーブを土地の人たちといっしょに囲んで待つうちに、吹雪はおさまった。

中標津行の二両のディーゼルカーは、一〇人あまりの客を乗せ、15時19分に厚床を発車すると、すぐ根室本線と別れ、根釧台地に分け入る。

根釧台地は日本でもっとも人口密度の低い地域として知られる。とくに、これから通過する別海町は一平方キロ当りの人口がたった一三人という少なさである。しかも、人口の大半は西別地区と中春別地区に集っているので、一三三四平方キロという広大な町域のほとんどは無人地帯になっている。

二両のディーゼルカーは、白一色の無垢の根釧台地を走った。カラマツの丘陵とヤチハンノキやミズナラの茂る湿原が交互に現れ、ときに氷片を浮かべた細い流れを渡る。手をかざして遠方を眺めても、見えるのは波のように起伏する大自然のみである。

とくに前半の厚床—別海間の二三・八キロ間は「見事」で、途中駅の奥行臼（おくゆきうす）周辺にわずかな人家を見た以外は人跡というものがなかった。

別海から先は酪農地帯で、世界銀行の融資によって開拓されたパイロット・ファームなどがあるから、人間は少なくても牛がたくさんいるのだろうが、車窓から見るかぎりは、牧場の柵と、ところどころにサイロがあるほかは、前半とさして変らなかった。

そんなところを一時間あまり走ると、突然、台地が切れて左窓に平野が開け、標茶からの線路が合して、16時25分、中標津に着いた。跨線橋のある立派な駅で、駅舎も新しい。

中標津町は、海岸にある標津町から「分村」した町であるが、立地条件に恵まれて発展し、いまや、この地方の中心として本家を凌ぐ活況を呈しているという。ＹＳ11の発着できる空港もある。

改札口を出てみると、駅前にはビジネスホテルやパブレストランをはじめ「コイン・プレイ・スナック」などというのもあって、ネオンも点滅している。中標津町の人口は一万八千で、標津町（八千人弱）の倍以上に発展したとはいっても、市ではない。それが納沙布岬や根釧台地を眺めてきた眼には大都会のように眩しく映った。

すでに日が暮れかかって、宿やお酒が恋しくなってきたが、私の今晩の宿泊地は、この中標津の風下に立つ標津町である。駅名は「根室標津」。すっきり「標津」として本家らしい駅名にしてやりたいが、あいにく宗谷本線に「士別（しべつ）」という同音の駅があるため、支庁名の「根室」が冠されている。

中標津発16時47分。うす暗くなった針葉樹林帯を二〇分走ると、終着駅の根室標津であった。片面ホーム一本だけの駅で、中標津から勤め帰りらしい人や高校生が降りた。改札口にカメラの山内住夫さんの姿が見えた。山内さんは、きのうから標津に来ている。

標津の宿は、先入観に反して立派なホテルであった。設備のととのった部屋に旅装を解くと、国後島に相対する、さい果ての町にいる気がしなかった。けれども、嬉しいことに、夕食の膳は、つぎのようなものであった。

天然ホタテの刺身、サケとコマイの刺身、コマイの生干し、北海シマエビの蒸したのと唐揚げ、チカという白身の魚のフライ、花咲ガニのたっぷり入った茶碗むし。

十勝三股・糠平［士幌線］

閑散とした早朝の帯広駅。その1番線に士幌(しほろ)線の始発列車が6時10分の発車時刻を待っている。ディーゼルカー六両の編成であった。

「特定地方交通線」つまり廃止対象路線の烙印を捺された線区の列車にしては意外に長い編成だが、このうち四両は途中駅の士幌で切り離され、上りの通勤通学列車に連結されて7時44分に帯広に戻ってくる。

どんな赤字路線でも朝夕だけは客が多い。昼間は一両でもあり余るのに、朝夕、とくに朝の高校生の通学時には、たくさんの車両を連結しなければならないのだ。そして、ラッシュ時を過ぎれば切り離されるから、そのための留置線も必要となる。乗客数の波動による無駄は、交通機関に負わされた宿命ではあるが、ローカル線においては、それが際立っているだけに辛いところだろうと察せられる。

それはとにかく、終着駅を目指す私たちは前部の二両の車両に乗りこんだ。私たちとは、カメラの山内住夫さんとの二人である。もう一人の仲間、編集部の秋田守さんは、すでにレンタカーで出発している。車を借りたのは、十勝三股(とかちみつまた)に着いたあと、三国峠を越えて旭川へ抜けたいからであった。

ところで、この前部二両の行先札が一風変っていて、

「帯広←→十勝三股（糠平・十勝三股間国鉄代行バス）」

となっているのだ。

士幌線七八・三キロのうち、末端の糠平——十勝三股間一八・六キロの列車運行が休止され、代行バスが登場したのは昭和五三年一二月二五日である。国鉄路線のバス転換は、一部区間とはいえ何かと問題になるはずなのだが、それがすんなり実現してしまったのは、この区間の人口があまりに少なく、わずか数戸の了解をとりつければよかったからだという。

こうして士幌線の列車は、すべて糠平止まりとなり、糠平——十勝三股間は廃線同様になった。しかし、国鉄当局は、廃線ではなく「休線」の建前をとっていて、士幌線の営業区間もキロ数も変えていない。糠平止まりの列車に、注釈つきとはいえ「帯広←→十勝三股」の行先札をつけているのも、そのあらわれであろう。

こうなると鉄道ファンにとっては釈然としないわけで、「士幌線の終着駅は糠平であって十勝三股ではない。代行バスなんかに乗るもんか。オレは糠平で引き返す」と言う人もいる。

もっともな意見だと思うけれど、私は、あまり厳しく物ごとを考えるのは苦手だし、

根が楽天的にできているから、終着駅が二つあるのもおもしろいじゃないか、ぐらいに考えている。

さて、妙な行先札を下げた二両と高校生出迎え用の四両で編成された士幌線の下り始発列車は、わずかな客を乗せ、定刻6時10分に帯広を発車した。

右へカーブして根室本線と別れると、十勝川を渡る。まだ一〇月一三日（昭和五六年）というのに、霜で河原の草が白くなっている。

列車は十勝平野を北へ向う。ところどころにサイロがあり、新しい穀物倉庫が朝の陽で銀色に光っている。十勝平野の耕地は区劃が大きく、畝が長い。広々として単調、ああ北海道に来たな、と思う。

6時52分、士幌着。ここで九分停車し、後部の四両を切り離す。

駅の柵にもたれた秋田さんの姿とレンタカーが見え、カメラの山内さんが下車する。こんどは車で先回りして、走る列車を写すのだという。

二両になった「十勝三股行」は、さ

らに北へ向う。裏大雪の山々が前方に近づき、ようやく十勝平野が尽きてくる。そして、音更川が刻んだ深い谷に沿って登りはじめる。対岸の紅葉を私に眺めさせながら、ディーゼルカー自身も真っ赤なカエデの茂みのなかへ突っこんでいく。

谷を登りつめると、右窓に昭和三一年に完成した巨大な糠平ダム、ついでダム湖の静かな水面が現れる。士幌線が開通したのは、糠平までが昭和一二年、十勝三股までが一四年であるが、この糠平湖の出現によって水没し、線路のつけかえと糠平駅の移転がおこなわれたのであった。

「まもなく終着糠平です。十勝三股方面へおいでの方は駅前からバスが連絡しております」との車内放送があって、7時53分、糠平に着いた。小ざっぱりした清潔な駅である。けれども、そこから先の光景の無惨なこと。十勝三股へ向う線路は赤錆び、茂り放題の雑草のなかへと消えている。腕木式の信号機には大きな「×印」がくくりつけられている。

駅前には「国鉄代行輸送車」が待っていた。一二三人乗りのマイクロバスで、脇腹に「上士幌タクシー有限会社」とある。

バスに乗ったのは、私のほかに二人しかいなかった。いずれも鉄道ファンらしい若い青年である。訊ねてみると、はたしてそうで、一人は埼玉、一人は神戸から乗りに来たとのことであった。まともな客は一人もいないのだ。

三人の客を乗せたバスは、トドマツやブナの林のなかの砂利道を走った。ときに白樺の林があり、それを通して見る糠平湖は美しかったが、湖岸に敷かれているはずの線路は見えない。列車が走らぬままに雑草に被われ、枕木も朽ちて、もとの自然へと回帰しつつあるのだろう。

一〇分あまり走ると、糠平湖が干上るように尽きて泥土が現れる。ダム湖独特の湖岸風景であるが、そこを士幌線の鉄橋が斜めに横切っている。錆びたレールも見える。列車の走らない線路を見るのは胸が痛むが、見ずにはいられない。二人の青年も窓に額を押しつけるようにして見ている。

バスは右折して幌加(ほろか)駅に立寄る。閉鎖された小さな駅舎のほかには何もなく、乗る客もいなかったが、運転手は、「二分間停車いたします」と言ってエンジンを切った。

私は、その運転手に、いったい何人の客がバスを利用しているのか、と訊ねてみた。

「毎日乗るのは、三股から糠平へ通う小学生の女の子が一人、保育園の子と母親、それと郵便局の人が一人で、四人ですね」

「たった四人ですか」

「ええ、たまには登山客や鉄道マニアの方も乗りますが、毎日乗るのは四人です」

十勝三股は四方を山に囲まれた小盆地で、広い道路の両側に二〇棟ぐらいの人家が集まっていた。けれども、ほとんどが無人で、屋根のスレートがはがれ落ちたり、扉に斜めに板が打ちつけられたりしている。道もひっそりとして人影がない。

かつては木材の集積所として営林署の従業員が何百人と住みつき、製材所の電気鋸が鳴っていたが、良材を伐りつくすと、人びとが、つぎつぎに去っていったという。

十勝三股の駅舎は、道路からちょっと奥まったところに駅前広場をかまえて建っていた。六年前の六月に一度来たことがあるので、その山小屋風の建物には見覚えがあった。しかし、なんという変りようであろう。

あのときは、地元の客や登山客が下車し、構内に原木や板材が高く積まれていたのに、いまは駅舎の入口に板が打ちつけられ、駅名標や「ニペソツ山　2013メートル　駅から頂上まで16キロ」と書かれた案内板も根元が朽ちて倒れかかっている。木材を積んだ無蓋貨車が居並んだであろう三本の側線も錆びた姿を秋草の茂みのなかにさらしている。線路に沿って幾棟も並ぶ鉄道職員の宿舎も、すべて閉ざされ、ゴースト・タウンと化している。六年ぶりに見る十勝三股駅は、変り果てた駅の遺跡であった。

十勝三股—糠平間の代行バスは一日四往復で、こんどの発車は8時50分となっている。覗いてみると、運転手が言ったとおり、お母さんに連れられた女の子と、郵袋を携えたおばさんが一人乗っている。小学生の女の子は一本前のバスで行ったのか見当らなかった。

その三人と、私といっしょにやって来た二人の青年を乗せたマイクロバスが行ってしまうと、もうすることがない。かといって去り難い思いもする。なんとなく立ちつくしていると、向いの建物の蔭に老人の姿が見えた。熊手で何やら地面を掻いているのだが、一人だけ取り残されてしもた、とつぶやいているような風情である。

声をかけると、怖い眼で私をジロリと見たが、まあ上れということで、お茶をご馳走になる。

堀田末吉さん、明治四四年生まれの七〇歳、出身は阿寒で、

「木を伐っては北海道を歩きまわってきた流れもんや」

と、苦い顔で言う。一二年前に足を骨折して働けなくなっていらい、年金で生活をしているのだそうである。

堀田さんの話によると、全盛時には営林署関係だけでも二〇〇世帯が三股に住み、小学校の分教場もあったが、いまはわずか二戸に減ってしまったのだという。

「学校の建物を三千円で買わんかという話があるんじゃが、買っても手入れがなあ」

と堀田さんは考えこむ風をした。この「三千円」は聞きちがえではない。私たち三人は、こもごも聞きかえしたのだ。

「奥さんは?」と私は恐る恐る訊ねた。

「さっき郵袋を持ってバスに乗ったのがおったじゃろ、あれや」

「あと一軒は、どんな人が住んでいるのですか」

「田中康夫いうてな、輪っぱ回しをやっとる」

「輪っぱ回し?」

「バスの運転手よ。バスに乗って来たんじゃろが」

「すると、小学校と保育園へ通っている女の子たちは?」

「彼の娘や」

ここへ来るバスのなかで私が訊ねたとき、田中運転手は「毎日乗るのは、三股から糠平へ通う小学生の女の子が一人、保育園の子と母親……」と他人事のように答えたが、なんのことはない、自分の家族だったのである。

北海道河東(かとう)郡上士幌町字三股。戸数二戸。国鉄士幌線終着駅。ただし列車の運行なし。

増毛［留萠本線］

国鉄には、東海道本線をはじめとして「本線」と名のつく線区が三二本ある。「本線」とは、いくつかの支線を従えた幹線の意味で、いわば日本における鉄道体系の骨格をなす路線である。したがって、「ローカル線」の反対語と言えるだろう。

けれども、そうした基準やイメージも、北海道あたりまで来ると、だいぶ怪しくなっていて、名寄本線や日高本線など、「あんた、それでも本線か」と言いたくなるような線区がいくつかある。これから乗る留萠線も、そのひとつであろう。

留萠本線は、函館本線の深川を起点として日本海側の増毛に至る六六・八キロの線区である。中心をなす駅は留萠で、ここから支線の羽幌線が海岸沿いに北へ延び、宗谷本線の幌延に達している。この支線は一四一・一キロもあって、留萠本線より長く、線路図では、こちらのほうが本線のように見える。時刻表の上でも、羽幌線へは急行が直通しているが、本線の終点である増毛への急行はない。鈍行の直通列車も少なく、まるで留萠—増毛間が支線のようなダイヤになっている。

そのなかにあって、深川発13時25分の735D列車は増毛に直通する有難い列車である。増毛着15時07分という時刻も手頃なので、これに乗ることにした。

一〇月一三日（昭和五六年）、火曜日、ディーゼルカー二両編成の車内に客は少なく、合わせて一五人ぐらいであった。

大きな包みを傍らに置き、握り飯をゆっくりと食べている行商のお婆さんがいたので、どこから？　と訊ねてみる。増毛から毎朝始発でやってきては干物を売っている、とのことであった。

三人連れの賑やかなかなかつぎ屋のおばさんもいる。こちらには、今晩増毛で泊るのだけど魚は何がうまいか、と訊ねる。

「増毛は魚のよう獲れるところでな、ニシン以外ならなんでもあるわ」

そして、ホッケにタラにアキアジ、タコにソウハチにツブ貝……と、たくさんの名をあげた。

定刻に発車して函館本線と分かれると、あたりは石狩川流域の穀倉地帯で、刈りとられた稲が北国の秋の弱い日差しを浴びている。

最初の駅は「北一已」。これは「きたいちゃん」と訓む。イチャンはアイヌ語で「サケが産卵するところ」の意だという。つぎの秩父別（ちっぷべつ）は「われらが越える川」で、この駅を過ぎると、石狩川の支流の雨竜（うりゅう）川を渡る。

石狩沼田で平野が尽き、ディーゼルカーはエンジンを唸らせながら峠越えにかかる。雨竜川と日本海とを分かつ分水嶺である。登るにつれて谷が深くなり、色づいた紅葉や黄葉が窓をかすめる。

短いトンネルで分水嶺を越えると、川の流れが変って、列車の進行方向とおなじになる。紅葉を透して見る水は澄明で、嬉々として岩間を滑り下りているが、下り坂になって元気をとり戻した列車は、流れる水を追い抜いて行く。これが留萌川で、「潮の静かな川」（ルルモペッ）からきている。川に潮があるのは、流れが河口で滞留し、海水が逆流してくるからだという。

アイヌ語の発音に由来するもののほかに、人名からきた駅名も少なくない。さきほどの石狩沼田は沼田喜三郎氏の農場内につくられた駅であり、峠を越えてから三つ目の藤山は藤山要吉氏の農場内、そのつぎの大和田は大和田荘七氏経営の炭鉱所在地内にある。いずれも明治四三年に設置された駅である。

留萠着14時37分。ここで乗客のほとんどが下車

し、代って男女の高校生が乗ってくる。

留萠を発車すると、右窓に日本海が開ける。いつ見ても明るい海ではないが、峠を境に天候が変り、海上を厚い雲が被っている。白波も立っている。まだ一〇月の中旬だというのに、これは冬の海だ。

留萠から増毛までは一六・七キロあり、線路は海岸段丘の下に敷かれている。その段丘の切れ目から幾本もの小さな川が勢いよく流れ下ってきては、線路の下をくぐり、廃屋となったニシンの番屋や民家をかすめて日本海へと流れこんでいる。

それらの川のほとりには、わずかな家があり、仮乗降場がある。仮乗降場というのは各地方の鉄道管理局長の裁量で設置できる駅で、全国版の時刻表には載っていないが、「北海道時刻表」（日本交通公社）や「道内時刻表」（弘済出版社）には掲載されている。いずれも短いホームと待合所があるだけの簡素なもので、もちろん駅員はいない。客も一人、二人が乗ったり乗らなかったりする程度のが多い。

そうした仮乗降場の一つの朱文別（しゅもんべつ）で二人の女子高生が下車した。淋しく荒い海辺に設けられた小さな仮乗降場にポツンと降り立った制服姿は絵になる。後部の車掌席の脇に立って、その姿を眺めていると、女の子たちは元気よく線路に飛び降りて、その上を歩きはじめた。線路が家路でもあるらしい。

右窓に増毛の町が見えてきた。海面に群れをなしてカモメが舞っている。マシケはアイヌ語で「カモメの多いところ」の意だという。ちかごろのカモメは人間の残飯をねらっても集まるが、ほんらいは魚の多いところに集まる。昭和三〇年ごろまでの増毛はニシンの好漁場であった。

15時07分、増毛着。

ホームは片側一面だけで、その端で線路が行き止まりになっている。終着駅といっても、貨物用の引込線が先へ延びていたりして、劃然としていないのもあるが、増毛は見るからに「終着駅」である。もうこれ以上は先へ進めません、といった風情で止まったディーゼルカーには哀れさがある。

駅舎は、トタン屋根の黒ずんだ木造平屋建で、あまり立派とは言えない。スチール・サッシだけが新しいのも不調和で、かえってわびしい。

その駅舎の入口に立看板があって、

「毛を守る縁起のいい増毛の入場券はいかがですか」

とある。「カモメの多いところ」からは、ずいぶんと転移したものだが、私は窓口へ行って入場券を買った。若い駅員は、

「ありがとうございます。この入場券、よく売れる日は一〇〇枚も出るんですよ」

と嬉しそうに言う。このあたりまで来ると、国鉄の駅員も感じがいい。

増毛の宿は山形屋という駅前旅館であった。

部屋の窓を開けると、日通の営業所と、店を閉じたもう一軒の駅前旅館の裏側が見える。ときどきドンと聞こえてくるのは堤防に当る波の音であろう。

とくにすることもないので、夕食での一献が待ち遠しい。どんな魚が食べられるのかなあ、と考えていると、暑寒別川(しょかんべつ)でサケが上っている、という情報が入ってきた。暑寒別川は町のすぐ西を流れている川である。

今年は北海道の川にサケがよく上るという話は聞いていた。しかし、それは釧路とか別海(べつかい)とか東の果てのほうのことで、西海岸の増毛あたりの川にも上ってくるとの期待はもっていなかった。

もう日暮れまで間もない。大急ぎで車をとばした。運転手の話によると、川を少し遡ったところに道立の孵化場があり、稚魚放流の努力が実を結んで、遡行するサケが年々急増しているのだという。

暑寒別川は幅五〇メートルくらいの川であるが、水量は多かった。それを堰くようにして木組みの簗(やな)が設けられ、人だかりがしている。もっとも、その半数は全身をゴム装束で包んだ漁業組合の人たちであり、あとは手伝いの少年たちで、見物人は少ない。

その少年たちが二人ずつ組みになって担架のようなものを重そうに提げて河原を歩い

てくる。覗いてみると、生きのいいサケが、目を見開き、鋭い歯を剝きながら折り重なっている。なかには担架から跳び出して河原をのたうつのもある。

簗の中央部に何か仕掛けがあり、そこから続々とサケが運ばれてくるので、簗を伝って行ってみた。川の流れは速く、足もとを見ると目が回りそうである。

簗を切り込んで簀が設けられている。簗によって進路を遮ぎられたサケが、ここに入ってくるのである。

見ていると、五分とたたないうちに五〇尾ぐらいが上ってきて簀に入る。それを一網打尽で引き上げ、オスはただちにポンコツをくらわして殺し、魚市場へ運ぶ。メスのほうは水槽に入れて孵化場に送られる。孵化場では生け簀に入れて卵がスジコからイクラへと成熟するのを待ち、腹を割いて採卵する。

海洋を回遊すること三年ないし五年、ようやく故郷に戻ってきたとたんに殺されるオスも、腹を割かれるメスも哀れだが、そういう仕組みになっている。

うすら寒い河原に、イクラが散っている。運ばれていく途中、メスが思わず産卵孔から漏らしたのであろう。私はそれを拾って口に含んでみた。新鮮すぎるからであろう、味はなかった。

瀬棚［瀬棚線］

北海道の渡島半島は気の毒な地域だ。

函館があり、駒ヶ岳や大沼公園があるのに、北海道観光の主要なルートからはずされ、外様のように扱われている。江差追分は有名でも江差を訪れる人は少ない。

せっかく北海道へ渡ったのに入口のあたりでウロウロするのは時間がもったいない、早く札幌へ、そして阿寒へと、人びとは足早に通り過ぎてしまう。

それでも、青函連絡船で渡るのが北海道へのメイン・ルートであった時代は、まだよかった。船から函館の街や岬が望まれたし、車窓からは大沼や駒ヶ岳を眺めることができた。寒々とした内浦湾の岸辺を走るのも印象的だった。

ところが、いまや北海道へは飛行機、の時代で、東京から札幌へ行く人の九五パーセントが飛行機を利用するという。渡島半島は、素通りどころか、飛び越される地域になってしまった。

そうなると、ますます渡島半島は無視される。千歳空港や札幌に着いた人は、さらに遠くへと道東や道北を目指し、本州へ逆戻りするような方角へは関心を示さない。せいぜい洞爺湖までが限度であろう。

かく言う私にしても同様で、なるべく青函連絡船を利用するようにはしてきたけれど、いつも渡島半島を素通りしてきた。そうした私の素通りぶりを象徴するのが、半島を東西に横切る瀬棚線である。

北海道には国鉄の路線が三六線区、分岐線を含めると四二区間ある。私はその全部に乗ったが、いちばん最後になったのが瀬棚線であった。オホーツク海側の、さい果ての、ずいぶん不便なローカル線が先になり、比較的乗りやすい瀬棚線が後まわしになったのである。乗ったのは昭和五二年五月二二日だったが、もし国鉄全線完乗を目指さなかったら、いまだに瀬棚線に乗らずにいたかもしれない。

けれども、乗ってみると、思いのほかによい線であった。どうして、こんな土壇場まで乗らずにいたのか、お見それしました、すみません、という気持がした。全線完乗などという行為は滑稽なものだが、そうした

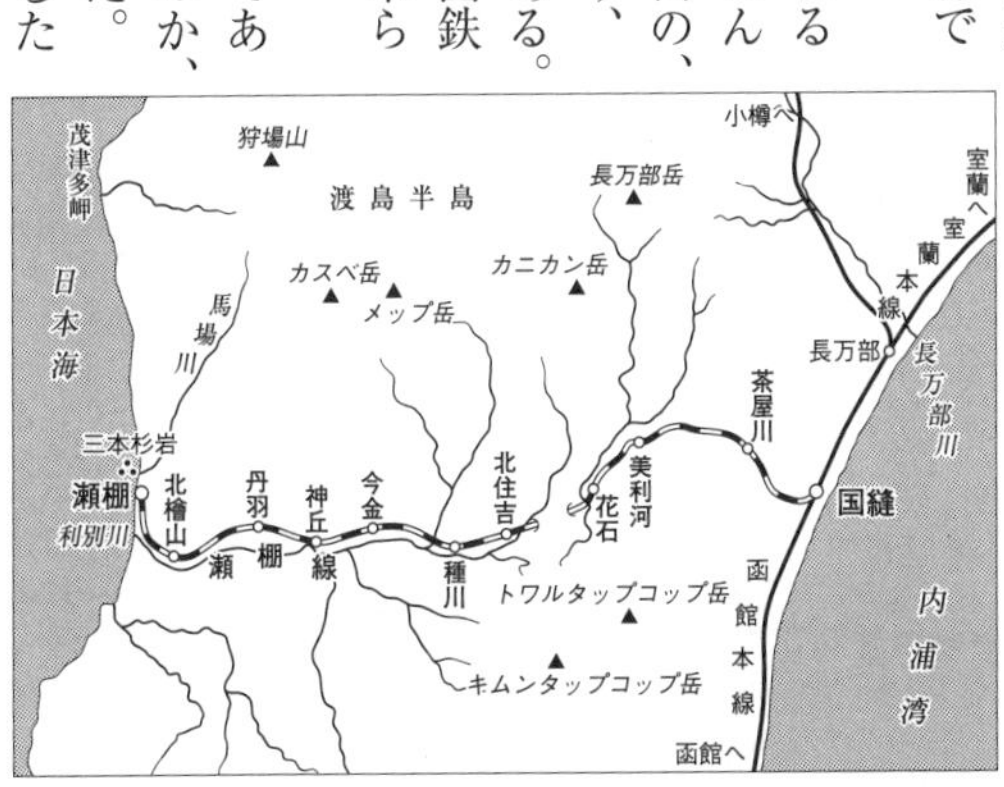

思いがけない余得をもたらしてくれる場合もある。

その瀬棚線に乗って終着駅の瀬棚を訪れてみようと思う。今回が二度目である。

根室標津からの帰途、札幌駅前で一泊した私は、翌二月九日（昭和五八年）、水曜日、札幌発7時23分の特急「北斗2号」で長万部へ向った。

車内は暖房が効きすぎ、コートはもとより、上着まで脱ぐほどだが、外界には、ようやく遅ればせの寒波がやってきたようで、真新しい千歳空港駅の電光掲示板には「−12.9℃」が表示されていた。粉雪も舞っていた。

登別を過ぎるあたりから吹雪になり、窓外が白く霞んできた。

長万部着10時07分。車内が暖かすぎるので、窓際に掛けてあった上着を着るだけでも暑い。危うく網棚のコートを忘れそうになる。しかし、自動扉が開いてホームに降り立てば、霧にも似た粒の細かい粉雪が頬に吹きつけ、襟を立てずにはいられない。

これから乗る瀬棚線は長万部から函館に向って二つ目の国縫が起点だが、列車はすべて長万部から発車する。つぎの瀬棚行は11時17分発である。

発車までの一時間余を利用して駅の裏手にある温泉にでも浸ってみようと考えていたが、この雪では外へ出るのが難儀だ。私は待合室のストーブにあたりながら待つことにした。

白く霞む駅前広場から人影が急ぎ足に近づいたかと思うと、ドアが開いて客が飛びこんでくる。北海道の駅の待合室は出入口が次の間つきのような二重構造になっているので、客が出入りするたびに寒風や雪が吹きこむことはないが、入ってきた客は眉毛にまで雪をつけている。

「急に降ってきよったな」

「これまでが暖かすぎたんや。これから本気で降るんやろ」

そんな会話が先客と交わされる。

ようやく、「11時12分発特急『おおぞら3号』札幌行、11時17分発瀬棚行の改札をいたしまーす」との案内があって、ストーブの回りに集っていた人たちが腰を上げた。跨線橋を渡り、旅行鞄を提げた客は2番線へ、頬っかぶりのおばさんたちは3番線へと降りる。瀬棚線の乗り場は3番線である。

私は、まず「おおぞら3号」の入ってくる2番線に降りた。駅弁を買っておくためであった。瀬棚線内には駅弁を売っている駅など、もちろんないし、ローカル線のホームまで売りに来てくれる奇特な駅弁屋さんは、めったにいない。

横なぐりに吹きつける粉雪のホームに、駅弁屋さんが一人立っていた。品物の上には黒いシートがかぶせられ、それが見る見る白くなっていく。どんな駅弁があるのか、わからないので、シートを開けて見せてもらうと、「鮭めし」と「かにずし」が三折りずつ重なっていた。

瀬棚行の列車は、キハ22という新しい形式のディーゼルカーの二両編成であった。キハ22は北海道用につくられた車両で、寒風や雪が客席に吹きこまないよう、ドアを車両の両端に移し、客席との間に仕切り扉が設けられている。

廃線候補に挙げられている瀬棚線に新しい車両が使われているのは嬉しいことだが、車内は寥々としていて、地味な毛編みの角巻を頭からかぶったおばさんたちが、ちらほら乗っているだけであった。


定刻11時17分に長万部を発車した真新しいディーゼルカーは、雪の粉を捲き上げながら複線の函館本線上を一〇分ほど快走し、国縫から瀬棚線に入った。

とたんに、車両の性能が変ったかのように速度が落ちる。線区の名称やレールの規格についての知識がなくても、ああローカル線に入ったなとわかるような変りぶりで、エンジンまでブルンブルンと唸りはじめた。

内浦湾に沿って函館へ向う本線や国道5号線と別れ、山へ向って一人歩きをはじめると、窓外の景観も、たちまち変った。

線路が沿っているのは国縫川で、氷片を浮かべながら流れている。雪庇に被われて川面の見えないところもある。

瀬棚線に入って最初の駅、茶屋川に停車する。国縫川が砂金採取で賑わったころ、このあたりに腰掛茶屋があり、それが地名の起りというが、いまは無人駅である。

茶屋川から稲穂峠の登りにかかる。稲穂峠は内浦湾と日本海との分水界で、ディーゼルカーは唸りながら、一〇〇〇分の二五の急勾配を、ゆっくりと登って行く。

線路の両側は、デパートやホテルに飾られるやつの何倍もある堂々たるクリスマス・ツリーの林立で、それが見る人もなく通り過ぎていく。

一〇分ほど勾配を登ると、峠の下を貫く山瀬トンネルに入る。さして長いトンネルではないが、上り勾配は出口までつづく。

前方に光がさし、トンネルを抜けると、明るい高原状の広々としたところに出て、美利河(ぴりか)に停車する。別荘のような三角屋根の駅舎は、小さいながら瀟洒だ。

六年前、はじめて瀬棚線に乗ったときは新緑の季節だった。トンネルを抜けて明るくモダンな美利河駅に着いたときは小海線の清里(きよさと)かとの錯覚をおぼえ、北海道には小海線ぐらいの線がどこにでもあるんだなと、あらためて感じ入ったものだった。今回は雪で、「ぴりか」の駅名標が半分埋まっているけれど、これまたいい。あのときとは別の美利河駅であり、瀬棚線である。

美利河はアイヌ語の「ピリカペッ」（美しい川）で、発車してしばらくすると、右から名の通りの清流が雪のなかから姿を現し、瀬棚線に寄り添う。この水は利別(としべつ)川となって日本海へ注ぐ。

そのピリカペッ川を渡ると、花石（はないし）という駅がある。付近に瑪瑙（めのう）を産するので名づけられたという。

もう一つ低い峠をトンネルで抜けると、下り勾配になり利別川に沿う平地が開けてくる。しばらくぶりに集落が現れ、種川（たねかわ）からは五、六人の客が乗った。

沿線に牧場の柵やサイロが見えはじめ、やがて乳業会社の工場や農協の倉庫が立ち並んで、12時26分、今金（いまがね）に着いた。ここで一〇分間停車する。私が乗っている前部の車両の客は、みんな下車し、代って七、八人が乗った。

今金は瀬棚からの「分村」によってできた町であるが、利別川流域の中心として発展し、本家の瀬棚を大きく凌ぐにいたっている。人口は今金町が九千余、瀬棚町は四千余である。

私は瀬棚線に乗って終着駅の瀬棚を目指しているので、心情の重みは瀬棚町にかかっているし、判官びいきもある。今金の駅舎が新しくて立派なのも、上り列車とのすれちがいのためとはいえ一〇分停車も、遇しかたが厚すぎるような気がする。それに「今金」という駅名も好きになれない。もっとも、これは開拓に従事した今村藤次郎、金森石郎両氏の頭文字をとったものである。

今金で一〇分停車するうちに、客が一人、二人と乗ってきて、発車時には前部の車両だけで二五人ぐらいになった。改札口の脇に「警戒・大雪」の標識が掛けられているが、雪も小降りになった。

今金から二〇分、北檜山を過ぎると、列車は進路を北に向け、利別川の河口の北側に広がる砂丘に沿って走りはじめる。

左窓に古綿のような雲に被われた日本海が現れた。波頭が強風に吹きちぎられている。つぎは終着の瀬棚である。

13時03分、瀬棚着。ホームは片側一面のみ、駅舎も木造で小さく、今金に比ぶべくもない。

けれども、瀬棚駅の小ぢんまりした待合室は華やかだった。というのは、色とりどりで、さまざまな図柄の座ブトンが椅子の上に置かれていたからである。まるで花模様座ブトンの見本市だ。国鉄の備品にしては艶(あで)やかすぎるので駅員に問うてみると、町の婦人会の人たちが瀬棚線存続の願いをこめて縫ったのだという。

そんなことを訊ねているうちに、下車した客たちは散ってしまい、除雪された駅前広場に人影はなくなった。

その広場の左手に、トタン張りの二階家があり、玄関のガラスに「末広館」と書いてある。典型的な北海道の駅前旅館で、これが私の今晩の宿である。

瀬棚で見るべきものといえば、まず「三本杉岩」であろう。町のすぐ前の海中に屹立する三つの巨岩で、瀬棚の象徴であり、町章も三本杉岩をあしらっている。三本杉にかぎらず、瀬棚付近は海岸美に恵まれたところで、観光案内パンフレットの類も、それを強調している。

しかし、そのほかにとなると、日本の女医第一号となった荻野吟子の顕彰碑、明治一三年に瀬棚の浜で遭難したロシアの軍艦アレウト号乗組員の慰霊碑、奥尻島へのフェリー・ターミナル、緑地公園、それと、最近できた郷土館と水族館ぐらいしかない。しかも、宿のおかみさんによると、郷土館も水族館も冬期は休館だそうだ。

それで、町役場を訪ねて、町のようすを訊ねてみることにした。

応対してくれたのは商工観光係長の碇谷恵一さんで、ニシンは獲れなくなったが、イカ、スケトウダラ、ホッケ、ウニなどは、かなりの水揚げがあること、酪農と植林に力を入れていること、昭和三五年には六千人だった人口が四千人そこそこまで減ってしまったが、ようやく過疎化に歯止めがかかってきたことなどを説明したあと、親切にも教育委員会に連絡して郷土館を開けてくれた。

陳列されていたのは、主として農漁業用具であったが、当然ながら、どれも人力を要するものばかりである。私には持ち上げられそうにない大きな杵などもある。

「昔の人は力持ちだったんだなあ」

と思わず言うと、碇谷さんは苦笑した。しかし、万事が機械化されたうえ、今年のように暖冬で、雪掻きをせずにストーブばかりにあたっているると体調がおかしくなるという。

郷土館を出て、駅と反対の方向にちょっと歩くと、たちまち町はずれで、そこに馬場川という細い川がある。この川の上流で犬が泳いでいたのを見て、「犬の沢」（セタナイ）と呼んだのが「瀬棚」の起源だとされている。

馬場川の河口に立つと、眼前に三本杉岩が聳えている。高さは、いずれも三〇メートルもあって見事だが、そのうち二本は基部を密着させて仲良くしているのに、あとの一本は離れていて、三角関係岩のようでもあった。

夕暮まで時間があるので、私は瀬棚の北方一〇キロ余にある茂津多(もったた)岬までタクシーをとばしてみることにした。渡島半島随一の豪壮な海岸で、断崖の高さは二〇〇メートルを越すと、案内書に記されていたからであった。

タクシーが茂津多岬へ向って走りはじめると、また雪が降りはじめた。そして、たちまち吹雪となり、さらに猛吹雪になった。一〇メートル先が見えず、風に煽られて車がスリップするようになった。

吹雪の息の合間をかいくぐるようにして、ちょっと進み、吹きつのるときは立往生し、それをくりかえしながら、一時間ちかくもかかって茂津多岬のトンネルに入ったときは、ホッとした。

車の窓からでは大断崖の片鱗しかうかがえず、むしろ、北海道の自然の厳しさを垣間見に行ったようであった。

ほうほうの態で宿に戻り、風呂で冷汗を流すと、夕食である。

イカ刺し、蒸しアワビ、イクラのおろし和え、ウニ、槍イカの煮つけ、ヤマベの塩焼き……。どれも小さな皿に飾り気なく盛られている。ヤマベは頭と尻尾を皿の外に出していて、それが嬉しい。料理の値段は皿の大きさに比例するとの考えを私は抱いている。

19時55分、上りの終列車が発車した。

そして、20時48分、下りの終列車が到着した。吹雪はやんでいて、雪明りの駅前広場に降り立った客は一四、五人であった。

比立内［阿仁合線］

阿仁合線は、もっともローカル色の濃い線だと私は思う。

自然地理的条件からすれば、阿仁合線以上に淋しく厳しい僻地を走る線はある。一日一往復、あるいは二往復しか列車が通らない閑散線ならば他にもある。けれども、ローカル色は、それだけでは十分に醸し出されない。重要な要素は「人間」であって、地方色豊かな乗客の有無が大切である。

はじめて阿仁合線に乗ったのは六年前であった。さすがに秋田県で、美人の卵のような色白の女子高生が、どっさり乗っていて、大いに目移りがしたものである。そして、にぎやかに交わされる方言の難解なこと。私には、ほとんど何もわからなかったが、もう一度、あの女子高生たちに会えるかと思うと、楽しみだ。

阿仁合線は奥羽本線の鷹ノ巣を起点として米代川の支流の阿仁川を遡り、阿仁合を経て比立内に至る四六・一キロの雪国路線で、沿線の山々は秋田杉の美林に被われ、山あいにはクマ、ウサギなどの狩猟で生計をたてるマタギの集落も点在している。雪、杉、クマ、そして秋田美人と方言が阿仁合線の特色と言えそうだ。

四月一日（昭和五七年）、北海道に所用ででかけていた私は、青函連絡船の夜行便で青森、特急「白鳥」で大館、さらに鈍行へと乗り継いで7時06分、鷹ノ巣に着いた。構内に積まれた杉の丸太を被った残雪が朝日に映えて、寝不足の眼にまぶしい。

待つほどもなく7時22分着の下り急行「津軽1号」が到着した。上野発前夜19時31分の夜行列車で、眠そうな客にまじってカメラの山内さんと編集部の秋田さんが降りてきた。

7時51分、鷹ノ巣駅の1番線に上りの阿仁合線のディーゼルカーが入ってくる。通勤通学列車で、これが7時55分発となって、すぐ折り返すのである。

「さて、この列車は見ものですよ。美人の卵たちがゾロゾロと降りてくるはず……」と山内さんに言いかけて、気づいた。きょうは四月一日、学校は春休みではないか。はたして女子高生の大群は降りてこなかった。下車客のなかには大館か秋田へ遊びに行くらしい若い女性も眼についたが、期待しすぎたせいか、美人が少ないように思われる。こんなはずではないのだがと少々がっかりする。

鷹ノ巣発7時55分。通勤通学列車の折り返しだからであろうか、四両も連結している。もったいない気がするが、朝の下り列車なのに乗客が思いのほか多く、四両で八〇人ほど乗っている。乗車率にして二五パーセントぐらいであろう。

乗客で目立つのは行商の人たちで、ほとんどはおばさんたちだが、めずらしくおっさんも一人いる。風呂敷包みや段ボールの函を開き、品物を種分けしながら、互いに何やらしゃべり合っているが、声は大きくても意味はわからない。

小さな帆立貝のぎっしり詰まった函がデッキに置いてある。これ、どうして食べるの、と山内さんが訊ねる。

「汁に……すると、……うまいのや」

と、おばさんが答える。聞きとれないところもあるけれど、他所者(よそもの)に対してはわかる言葉を使ってくれる。

おっさんは、小粒の八朔(はっさく)を五つずつポリエチレンの袋に詰めている。一袋二〇〇円だという。秋田さんが一袋買う。

杉の木立に囲まれた上杉(かみすぎ)という無人駅がある。母子連れがホームに立っている。乗るのかと思うと、そうではなかった。一人の行商のおばさんが窓を開けて小さな紙包みを母親に渡している。列車に買い物に来ているのだ。いま渡したのは何な

の？　と訊ねると、「コウズ」と聞えた。包みのぐあいから察すると、麹（こうじ）らしい。
阿仁前田着8時45分。阿仁合線の主要駅で、何人かの行商のおばさんが下車した。そして、大きな風呂敷包みを背負って、ゆっくりと「職員以外通行禁止」の通路から残雪の町へと出て行く。荷物が大きくて改札口を通りにくいからであろう。八朔のおっさんもここで降りた。

阿仁川の谷が狭まり、積雪も五〇センチぐらいになって、9時02分、阿仁合に着く。阿仁町の中心で、乗客のほとんどが下車した。残った客は一両に数人ずつで、行商のおばさんも、たった一人になった。このおばさんだけが終点の比立内まで行くのだという。

阿仁合のつぎの荒瀬（あらせ）を過ぎると、にわかに谷が深まって峡谷をなしてきた。両岸は見事な杉山である。きょうは快晴だし、雪の反射もあるので明るいが、まえに来たときは、このあたりから薄暗くなった記憶がある。

ディーゼルカーは杉林をかすめるようにして勾配を上り、トンネルを抜け、高い鉄橋で阿仁川の深い谷を渡る。雪どけの豊かな水が残雪の谷底を、ひしめき合いながら流れ下っている。

狭い河岸段丘の上に「笑内」という無人駅がある。これは「おかしない」と訓む。ここから西へひと山越えると、マタギの大集落根子（ねっこ）がある。ここは、あとで訪ねたいと思う。

峡谷の崖っぷちをかすめながら列車は登り、岩野目(いわのめ)を過ぎると、あたりがやや開けて、定刻9時29分、比立内に着いた。阿仁合線が比立内まで開通したのは昭和三八年だから、駅舎は古びていない。わずかながら耕地もあって、深い谷間から抜け出てきた眼には明るく映る終着駅であった。

駅前からタクシーで根子へ向う。

運転手は道でクマに出遭った話などをしてくれる。クマが冬眠から覚めるのは四月二〇日頃だという。もうそろそろである。

最近開通したばかりというトンネルを抜けると、山間の小盆地に根子の集落が現れた。戸数は五〇戸くらい、茅葺きの古い家々が多いので黒ずんで見え、ひと昔まえに時代が逆戻りしたような気がした。しかし、マタギの人たちは減って、一〇人前後だという。若い人は外へ働きに出てしまうそうで、集落のなかはひっそりとしていた。

マタギの里に来れば、どうしてもクマの話になる。狩猟の相手はウサギやヤマドリがほとんどだそうだが、話題はクマである。そのうち、運転手が、

「阿仁合へ行けばクマ肉を食べさせる店がありますよ」

と言った。それは、というわけで、さっそくその店へ案内してもらうことにした。

着いてみると、国道に面した、ごく普通の食堂であったが、なるほど、壁に貼られたメニューにはラーメンや天丼と並んで「クマ焼肉」「クマ鍋」と書いてある。さすがに値段のほうは、他の品目が五〇〇円前後なのに対し、クマ料理は各一八〇〇円となっている。

焼肉と鍋とどちらがうまいかわからないので、二つずつ注文して四人で分け合って食べることにし、しばらく待っていると、まず焼肉用の肉が運ばれてきた。よほど高価なのか、飛びきりの薄切りで、色は牛肉より黒い。味は牛肉に似ているように思われたが、なにしろ薄いので、タレの味のほうが強かった。鍋のほうは脂身の多いブツ切りで、こちらは豚に近い。これを機会にクマ肉のファンになるほどの味ではなかったが、思いなしか野性の臭味とコクがあるような気がした。

比立内から東へ七キロほど入ったところにも、打当(うっとう)というマタギの集落がある。ここには、その道五〇年というベテラン・マタギの鈴木松治さんがいる。この人の話は、ぜひ聞いておきたいので、ふたたび比立内に戻って打当を訪れた。

打当は、まだ雪が深く、鈴木さんの家の囲炉裏には薪が燃えていた。

鈴木さんはクマ撃ちの名人で、射止めたクマは一〇〇頭を越すという。氏のクマ撃ちは独特で、できるだけ接近して頭を狙う。撃ち損じないために危険を冒すわけで、誰にもできることではない。それで「アタマ撃ちの松」と畏敬されている。

怖くはないのですか、と私は素朴な質問をぶつけてみた。

「撃ち損じて逃してしもうたら、恐ろしさが残る。見つけた以上は仕止めにゃな。鉄砲の筒先よりこっちまでクマが入りおったことは幾度もある。じゃが、クマがパタンと倒れたときの気持のよさは格別でなあ、やめられん」

六二歳の鈴木さんは、今年もクマ撃ち隊の「しかり」(リーダーのこと)として残雪の山に分け入るのだという。

鈴木さんの話で意外だったのは、クマの捕獲量が増えていることであった。鈴木さんが子どもの頃は打当にある三八戸が全部マタギだった。それでもクマは年に四頭か五頭しか獲れなかった。現在は一三戸に減っているのに年間四〇頭も獲れる。山林が伐採されて、クマの生息地が集約されたことや、鉄砲が村田式からライフルに代ったことで、効率がよくなったのだそうだ。

それでも年間四〇頭に過ぎないから、肉は地元で食べてしまう。売るのは毛皮と胆汁だけという。

「クマ鍋は最高にうまいわ」

と鈴木さんは言う。あんなうまいものを食わずに売る気にはなれない、といった口ぶりである。

「私たちも、さっき、阿仁合の店でクマを食べてきました」

と私は思わず言った。

すると、鈴木さんは、

「あんなものはダメダメダメ」

と笑いながら手を振った。

大きな鍋に湯をたぎらせて、クマの肉の塊を放りこむ。骨も鉈で砕いて入れる。それに野菜を入れて、グラグラ煮て、それでこそ本当のクマの味がするのだという。

女川［石巻線］

東北本線小牛田（こごた）駅は、いかにも鉄道の停車場といった風格のある駅だ。

ここで陸羽東線に乗りかえれば鳴子をへて山形県の新庄に達し、東へ向う石巻線に乗れば石巻から女川（おながわ）へと至る。鉄道の十字路、交通の要衝なのである。構内は広く、機関車や転車台の跡があり、長いホームの屋根や跨線橋は煤けて、蒸気機関車時代の面影をとどめている。蒸機のいないのが不自然なような駅である。

交通の要衝ではあっても、小牛田の町は小さい。一般に幹線の主要駅は、はじめは野っ原であっても、しだいに駅を中心に町が形成されて発達するのが明治いらいの人文地理の法則である。けれども、小牛田の場合は、さして発展しないまま今日に至っている。要するに、駅にくらべて町が小さいのだ。

そのためか、東北新幹線は小牛田を見離した。小牛田の西方約九キロ地点にある古川市に新幹線の駅がつくられた。

古川は陸羽街道（国道4号線）の宿場町であり、「ササニシキ」の中心都市であり、古川経由のほうが東北新幹線の経路が若干短縮されるので、この処置に異存はないけれど、明治二三年の日本鉄道（東北本線の前身）の開通いらい九〇余年にわたって煤けながら頑張ってきた小牛田の心中を察すると同情を禁じえない。

その小牛田駅の4番線に、12時49分発の石巻線女川行、気仙沼線気仙沼行の併結列車がディーゼルカー五両の編成で停車している。

この五両の編成は、姿、色、まちまちで、先頭がキハ23という両開きドアの近郊形ディーゼルカー、つぎが旧形準急用のキハ55、それから郵便荷物車と客車とが半分ずつのキハユニ、以上の三両が女川行で、あとのキハ23二両は気仙沼行となっている。

発車一二分前の12時37分、盛岡からの急行「いわて2号」で小牛田に着いた私たち三人は、さっそく、この列車に乗りこんだ。前日の四月一日（昭和五七年）、秋田県の阿仁合線の終着駅比立内でマタギの里などを訪れた私たちは、残雪の大覚野峠を越えて城下町の角館に一泊し、田沢湖線で盛岡に出て、小牛田にやってきたのであった。つぎに目指す終着駅は石巻線の女川である。

小牛田での接続時間が、わずか一二分というのは、編集部の秋田さんがつくってくれたスケジュールで、石巻線の列車は二時間に一本ぐらいしか運転されないのだから、好接続である。

けれども、小牛田に着いてみると、その一二分間が短すぎて忙しい。

まず、東北新幹線が開通してしまえば、小牛田を通る機会が少なくなるだろうと思うから、見納め、というほどではないが、じっくり小牛田駅を見ておきたい気がする。新幹線は速いだけで味気ない、在来線にこそ鉄道の旅の味わいがあると言ってはみても、新幹線が開通してしまえば、けっきょくは十中八、九、新幹線に乗ってしまう。在来線の特急が消えてしまうから、なおさらである。あの沼津が好例で、毎月一回ぐらいは沼津で駅弁を買っていたのに、東海道新幹線の開通いらい、すっかりご無沙汰だ。薄情なものである。

そういうわけで、小牛田の構内を見る。それから、自分が乗る列車の編成を点検する。さして意味はないのだが、自分がこれから乗ろうとする列車が、どのような代物であるかを確認したくなるのは人情の自然であって、とくに鉄道ファンであるなしとは関係ないことと思っている。

つぎに売店を見る。どの駅も、ほとんどおなじものしか売っていないのだが、小牛田なら何かあるか

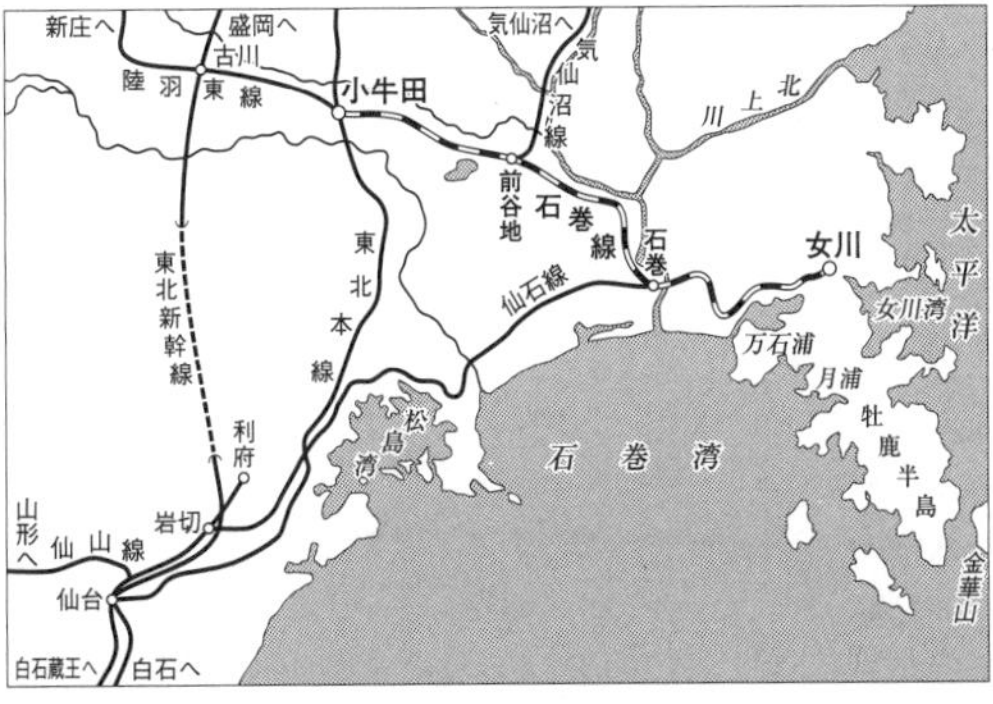

もしれない、と思って探すと、はたして「子持まんじゅう」という他の商品とは異質な紙包みがある。手にとってみると、生温かい。値段は二〇〇円となっている。私は辛党で、饅頭など食べたくない人間であるけれど、掌に伝わる温もりと「二〇〇円」の気楽さで、迷わず一袋を購う。奥羽本線の峠駅の「力餅」とおなじように、この種の地元の良心的小品については時刻表の欄外にも掲載されていない。

発車まで残るは、二、三分である。立食いソバ屋がある。あと四分あれば、と思う。ホームの立食いソバを食べたくなる駅、というものがある。米原、塩尻などがその代表格である。概して鉄道の主要駅であるにもかかわらず、町の規模が小さいところのようである。食欲や空腹とは、さして関係はなく、なぜか食べたくなるのである。これは「鉄道文化」のカテゴリーに入ると思われるような、楽しい謎だが、小牛田駅の立食いソバにはそれがある。

つい一時間ほどまえに、一ノ関の「あわび釜めし」で昼食をすませたばかりであり、腹はくちているのだが、じっと立食いソバの湯気を見る。しかし、なんとしても時間がない。あきらめて三両目のキハユニ26に戻る。

座席の半分ほどが埋まって、12時49分、小牛田発。

すぐ右へカーブして電化複線の東北本線と分かれ、単線の上を走りはじめる。田植を待つばかりの水田が一面に広がる。

小牛田で買った「子持まんじゅう」を開いてみる。なぜ「子持」なのかわからないが、素朴な饅頭が五つ入っている。カメラの山内さんと秋田さんが二つずつ、私が一つ食べる。饅頭を食べるのは久しぶりだが、これも小牛田駅とのつき合いである。甘すぎず、淡白な味がした。

一六分で前谷地（まえやち）に着き、後部二両の気仙沼行が切り離される。

つぎの佳景山（かけやま）では、郵便荷物車から大量の雑誌や小荷物が投げ下ろされ、発車が二分遅れる。

北上川の堤防が迫り、三両になったディーゼル列車は、堤防に近づいたり離れたりしながら石巻へ向う。

石巻に近づくと、にわかに造成地と新しい住宅が目立ちはじめ、大都市の近郊に似てくる。が、やがて黒ずんだ工場や製材所の間に分け入って、石巻に着く。

石巻では乗客のほとんどが下車し、車内はいったんガラ空きになったが、それに倍する客が乗りこんできて、座席が全部ふさがった。石巻の駅は、いつ来ても客の出入りが激しい。

乗客が入れかわって石巻を発車すると、まもなく北上川を渡る。河口に近いので水は滞留し、淡褐色をしている。

渡波、ついで沢田を過ぎると、列車は万石浦の北岸に沿って走りはじめる。万石浦は石巻湾の入江であるが、入口が狭いので地図で見ても湖のようだ。絶好の養殖場として、東西四キロ、南北三キロの入江はカキの棚で埋まり、岸辺のいたるところにカキ殻の山がある。そのうちにカキ殻で民家が埋まってしまうのではないかと心配になるほどである。人間は、こんなにもカキを食べたのかと思う。

万石浦が尽きて丘の間を抜けると、人家が建てこんで、あっけなく終点の女川に着いた。一本のホームの両側に線路があり、その先に駅舎があるという終着駅らしい構えであった。

女川は宮城県下では石巻、塩釜、気仙沼に次ぐ漁港で、牡鹿半島や金華山観光の入口でもある。

私たちは漁港へ行ってみた。日本を旅して面白いと思うのは漁港であり、魚市場である。日本じゅう、どこのマーケットへ行っても同じ商品が並んでいるけれど、魚市場だけは地方色がある。並べられた魚介は同じ場合でも、鮮度や値段がちがう。

女川の魚市場は小規模であった。けれども、桶に盛られたホヤには「五個百円」の木札がさしこんである。店のおばさんが、「うまいよ」と言いながら掌にホヤをのせて、ブスリと包丁を入れる。生臭そうな汁がしたたり落ちる。そして中身を指で引きずり出し、ペロリと食べてみせる。一尺もあるタラが細竹に刺されてずらりと並んだのが三〇〇円。数えてみると一〇匹もあった。

女川から牡鹿半島の基部を西南へ横切ると、月浦（つきのうら）という入江と同名の小集落がある。伊達政宗の家臣支倉常長の一行がローマへ向けて出帆したのは、この月浦からだったという。私たちは車で月浦へ行った。

月浦は、そうした由緒とは何の関係もないというかのような、ひっそりした漁村だった。湾内は、これまたカキの棚である。

波止場に接してカキの殻むき作業場がある。すでに今日の作業は終っていて人気（ひとけ）がなく、作業台の上や樽に詰められたカキの塊ばかりが、ごろごろしている。

山内さんが管理所に入って何やら話している。そして、

「好きなだけ食うてゆけ、って言ってましたよ」

と言いながら戻ってきた。

カキは、二〇個、三〇個がひとかたまりにくっついていて、まるで岩塊である。そのひとつを砕いて食べてみる。新鮮無比だが、海水をたっぷり含んでいるので塩辛い。それに、やはり生臭い。レモンがあったらと思う。土地の人が聞いたなら、レモンなんぞかけたら、せっかくのカキの味が台なしだと笑うのだろうが。

それにしても、よくタダ食いの機会に恵まれる旅ではある。

熱塩［日中線］

春の旅は北へ向うと季節が逆戻りする。

東京の桜は、ほとんど散ってしまったが、宇都宮まで来ると満開になった。

そして那須野原にかかると二、三分咲きになり、雪をいただいた山々が望まれてきた。

「あれ、もう鯉のぼりですね」

と編集部の秋田守さんが言う。

これはまだ東京で見かけないものである。東北の人たちは遅い春を待ちかねて、せめて人工の季節感を盛ろうとしているのだろうか。極彩色の鯉たちが雪の山へ向って口を開いている。

「虫干しをしているのかな」

言いながら、鯉のぼりの虫干しとはいかなることかと思う。

四月一三日（昭和五八年）、水曜日、大宮発11時00分の東北新幹線「やまびこ19号」は、ぐんぐんと季節を逆戻りさせながら白河関を過ぎ、定刻12時10分、郡山に着いた。

つぎに乗るのは磐越西線の急行「ばんだい5号」喜多方（きたかた）行で、12時24分の発車である。

東北地方への鉄道旅行で楽しいのは駅弁の種類が多く、かつ郷土色の豊かなことだ。そのなかから一つしか選べないのは悲しい宿命だが、まず私が名称につられて「小原庄助弁当」に決める。秋田さんは、大いに迷った結果、「ずうずう弁」。いずれも開いてみれば、要するに幕の内であった。

急行「ばんだい5号」は六両編成である。

そのうち四両は自由席の普通車で乗車率がよく、半分以上の席がふさがっている。東北新幹線からの客であろう。指定席の普通車は空いている。あと一両はグリーン車で、一般に普通急行のグリーン車は回送車のように閑散としているのが常なのだが、いまや「フルムーン」時代で、二〇組もの中老年夫婦が乗りこみ、この車両がいちばん混んでいた。しかし、三〇歳以上の女性グループ客を対象として新発売された「ナイスミディ」とおぼしき客は見当らなかった。

郡山を発車して二〇分、中山宿を過ぎて峠越えにかかると桜の蕾が小さく固くなり、ヒ

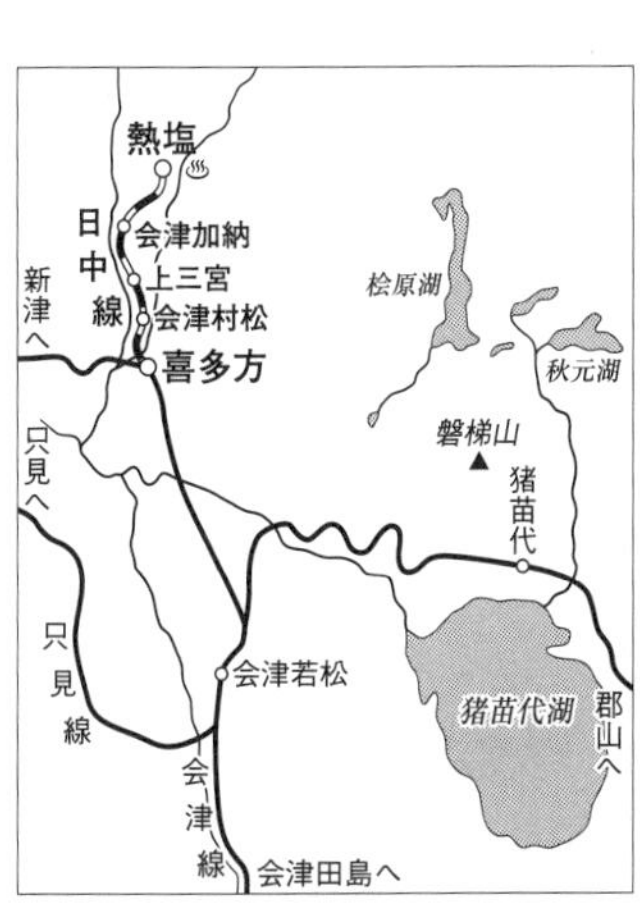

ノキ林の下草に残雪を見るようになった。

勾配を登りつめると、あたりが明るく開け、左窓に猪苗代湖、ついで右窓に磐梯山が全容を現す。

猪苗代湖の水面は海抜五一四メートルだから、だいぶ登ってきたわけだが、まもなく列車は会津盆地へ向って、大きくS字カーブを描きながら下りはじめる。車窓の右へ左へと移動する磐梯山が刻々と形を変え、会津盆地のはるか向うに飯豊(いいで)山地の山なみが望まれてきた。最高峰の大日岳の標高は二一二八メートルもあって磐梯山よりも高く、日本海へ向って聳える山だけに、これは真っ白な雪山であった。

会津若松着13時42分。フルムーンの全員と大半の客が下車し、「ばんだい5号」の車内が閑散になる。

八分も停車するので、広い1番線ホームを歩く。壁には各種の地酒がずらりと陳列されている。数えてみると五〇種もある。今晩は、このうちのどれを飲むことになるのかなと考える。

進行方向を変え、会津若松を発車した「ばんだい5号」は春を待つ会津盆地を北上し、14時06分、喜多方に着いた。

1番線の一部を切りこんで設けられた4番線に古びた客車が二両、日を浴びてポツンと停っている。これが目指す日中(につちゆう)線の列車である。日中線は朝一往復、夕方二往復のみで、日中は運転されない。昼間は、こうして日向ぼっこをしているのであろう。こんどの発車は16時10分なので、あと二時間ほどある。

喜多方は幕藩時代には「北方（きたかた）」と呼ばれたところで、名のとおり会津盆地の北部に位置し、酒や味噌や漆器をつくってきた町である。

城下町の若松にくらべると地味な存在であるが、このところ「蔵の町」として観光的にも知られるようになってきた。

蔵が多いのは、寒暖と乾湿の差のはげしい盆地で一定の室内環境を保つための知恵だというが、とにかく蔵が多い。蔵といえば倉庫または物置であるのがふつうだが、この喜多方の場合は何でも蔵造りにしてしまう。作業蔵、座敷蔵、店蔵、寺蔵、そして塀蔵、厠蔵まであると案内書に記されている。

そういう町なので蔵に対する執念が強く、「四十代で蔵を建てられないような男はダメ男」「仲人は、蔵三つまではサバをよんでもよい」「年増女房を持つと蔵が建つ」などのことわざがあるという。

日中線の待ち時間を利用して蔵見物でもしましょうかと駅を出ると、「蔵めぐり」の観光馬車が一台待機していた。蔵をかたどった二階建の馬車である。ちょっと気がひける乗りものだが、私たちはこれに乗ることにした。客はほかにはいなかった。

車の少ない静かな通りや小路を、馬はパカパカと蹄を鳴らして右折し左折し、寺蔵、酒蔵、座敷蔵などを回った。

日中線熱塩(あつしお)行列車は、ディーゼル機関車のＤＥ10と旧形の客車二両という短い編成で、これがホームの先のほうに停っている。

レールもホームも駅舎の近くまで延びてきているのに、そんなはずれに停っているのは、機関車の停車位置が定められているからだろうが、大赤字の日中線のボロ列車なんかあっちへ行ってろと、冷たく扱われているようにも見える。昭和五六年度の日中線の収支係数は一〇〇円の収入に対し支出一四四七円という比率で、年間一億二千万円余の赤字を計上し、第一次廃線候補に指定されている。

客車の銘板を見ると、前の一両が昭和二七年製、もう一両が昭和一五年製で合計七四歳、フルムーンパスの資格には及ばないが、車両の寿命は人間の半分以下だから実質的にはフルムーン以上の老齢車両だろう。

この二両の老車両に乗るのは若い男女高校生で、発車時刻が迫ると三〇人ぐらいになった。彼ら彼女らは、いっしょに帰る仲間も坐る席も決まっているらしい。ほんらいなら自分たちの坐るべき席を見なれぬ二人組が占拠しているので、心外そうに私たちを眺めている。

定刻の16時10分ちょうど、ディーゼル機関車特有の「ピョー」という、もの悲しい警笛が鳴って熱塩行列車は動きだした。熱塩までは一一・六キロ、途中に三つの駅があって、所要時分は二八分である。

　貫通路を通して、ディーゼル機関車が尻を上下左右に揺さぶりながら走っているのが見える。機関車牽引による「客車列車」ならではの眺めで、馬車に通じるものがある。六分走って無人駅の会津村松に停車。あたりは新しい住宅が多いのだが、駅舎のほうは腰板や戸がはずれ、窓ガラスもない。廃屋そのものだ。

　この駅から風呂敷包みを背負ったおばさんが乗ってきた。さっそく車掌がやってきて、車内補充券にパンチを入れる。車掌「この切符、もらっとくからね」ばあさん「あいよ」そんな言葉が交わされる。

　ふたたびDE10は体を揺さぶって走り、阿賀野川の支流の、そのまた支流の押切川を渡ると上三宮（かみさんみや）で、この駅も無人化されて久しいのであろう、荒れるに任せられていた。

　その荒れ果てた無人駅のホームに降り立った車掌が手にしたトランシーバーに向って、「623列車発車！」と叫ぶ。近代化された車両ならば車掌室から運転席への電話や信号装置が通じているのだが。

　水田と畑と白壁の民家とカラー屋根の新住宅とが混在する、とりとめもない緩い傾斜地をゆっくりと上るうちに、集落が現れて会津加納に着く。

駅舎の反対側、つまり左側を見ると、路盤が残っている。かつては駅の西方一キロに銅山があり、貨物専用線が通じていたのだが、昭和四九年に閉山され、レールも撤去された。その跡である。

この駅も黒ずみ古びているが、駅員が一人いた。駅員がいるのは会津加納が日中線では唯一の荷物扱い駅だからであるが、今年度中には荷物扱いが廃止され、無人駅になる予定という。

国鉄では貨物列車で運ぶものを「貨物」、旅客列車で運ぶ手荷物、小荷物、郵便物、新聞・雑誌を「旅客」として分けている。このうち、貨物輸送の不振は新聞でもよく報道されるが、荷物のほうも、クロネコヤマトなどの宅急便の進出で扱い量がすっかり減ってしまったのである。こうして、日中線のなかでは陽の当る駅だった会津加納も、他の駅とおなじように荒れていくのだろう。

会津加納のつぎは終着駅の熱塩で、駅間距離は三・四キロ、八分かかる。

銅山への専用線の跡が左へ消えると、列車はヒノキ林に入る。木蔭には残雪がある。勾配もやや急になり、終着駅の気配が漂ってきた。

ヒノキ林を抜けると、小さな集落をかすめながら左にカーブし、細い流れを渡る。そして列車は油が切れたように、ゆるゆると暗い軒下に停車した。終着熱塩である。私たちは十数人の高校生とともに砂利の敷かれた片面ホームに降りた。

機関車の前方に車止めがあり、線路が尽きている。すでに両側から山が迫り、前方の平地も狭められながら山へ吸いこまれている。鉄道としては、このあたりまでが限度だろうと納得できる地形ではある。

けれども、日中線は、ここを終着駅にするつもりで敷設された鉄道ではなかった。この先、約四キロの山峡に「日中（にっちゅう）温泉」という一軒宿の温泉場があり、そこまでレールを敷く予定だった。だから「日中線」と名づけられたのである。さらには、日中温泉にとどまらず、山をぶち抜いて米沢まで開通させ、栃木県の今市から福島県の会津田島、会津若松、喜多方を経て米沢に至る「野岩羽（やがんう）線」建設という雄大な構想さえあったのである。熱塩まで開通したのは昭和一三年だが、戦争がなければ、この構想は実現していたかもしれない。もしそうなっていたなら、「熱塩駅を発車した急行列車は日中を過ぎてループ線を回り、国境の長いトンネルを抜けると米沢であった……」というぐあいになったかと、そんなことを夢想したってしようがないけれど。

それどころか、当面の目標であった日中温泉自体がダム建設工事によって源泉ごと掘り返され、消滅してしまった。熱塩駅のすぐ近くに「日中温泉」の看板を掲げた新しい旅館が見えるが、水没する一軒宿の主人が補償金で建てたのだという。いつまでも延びてこない日中線に業を煮やして、温泉のほうが駅まで出向いてきたような格好になっている。

そうした時代の変遷を熱塩駅は黙って見ている。そして自らの運命も危うい。

日中線熱塩駅。いい駅である。北欧の民家を想わせる屋根の反りが美しい。瀟洒という語がぴったりする建物だ。ホームから見ても、駅前から眺めても、横へ回っても、どこからでも形がよい。

もっとも、それは離れて眺めた場合であって、近づけば漆喰は剝落し、窓枠ははずれ、かつては駅長以下が颯爽と勤務したであろう屋内は荒れ放題で、錆びた什器や備品が放置され、散乱している。

淋しい警笛が短く鳴ってディーゼル機関車が切り離され、車止め近くまで前進する。車掌がポイントを切りかえる。ＤＥ10は後進して側線を通り、反対側に連結される。これで下りの６２３列車が上りの６２４列車に変じた。

発車時刻が近づいても、いっこうに乗ろうとせず、ウロウロしている私たちを心配して、車掌が迎えにきてくれる。

17時01分、三人の客を乗せて発車。私たちは、それを見送った。列車が去ってしまうと、熱塩駅は廃駅のようになった。

今夜の宿は熱塩温泉の笹屋本館という古い旅館である。

温泉場までは駅から歩いて一〇分たらずなのだが、山ふところの日蔭にあるからだろう、軒下の残雪がうず高かった。

私たちは、雪見をしながら温泉につかった。淡い褐色を帯びた湯で、口に含んでみると「熱塩」の名のとおり塩からい。岩塩を多量に含有しているのだそうだ。

夕食の膳は、海のない会津の湯にふさわしく山菜と川魚ばかりであった。もっとも、まだ季節ではないので、いずれも去年のものである。名も知らぬ各種のキノコのおひたし、タラの芽の天ぷら、アユの塩焼き……。そして、

「山菜の採れる場所は、みんなそれぞれ秘密にしているんですよ。それぱかりは親にも教えられんと言いましてなあ」

というおかみさんの話を聞きながら地酒の飲みくらべをする。

静かな温泉旅館で熟睡すると、翌日も晴れで、残雪がまぶしい。

私たちは日中ダム建設工事の現場、というより、消え失せた日中温泉跡を見て喜多方に戻り、冠木薬局の「厠蔵」や、うるし塗師北見武さんの仕事場などを見せていただいてから帰途についた。

帰りは「野岩羽線」構想のルートをたどってみることにした。

会津若松から南へ向う会津線の会津田島で下車し、鬼怒川温泉行のバスに乗る。岩代、下野の国境、山王峠を越えると、桜が咲きはじめ、鬼怒川まで下ると満開になった。

間藤［足尾線］

よく旅行するわりには北関東の三県を訪れる機会が少ない。つい、もっと遠くへ行きたくなって通過してしまう。

この「終着駅」シリーズでも、茨城、栃木、群馬三県の終着駅は一つも訪れていない。これは大変よろしくないので、今回はその反省も含めて足尾線に乗ることにした。足尾線は群馬、栃木両県にまたがり、廃線候補にも挙げられている。なお、私事ながら、私が念願の国鉄全線完乗を果たしたのは六年前の昭和五二年五月であるが、その最後の一線となったのは足尾線であった。なつかしい線である。

銅山が閉山されてからの足尾には、さまざまな変化が起っている。

人口の減少、足尾線の存廃問題などの暗い状況が重くのしかかってはいるが、足尾の人たちは手をこまぬいているわけではない。煙害で禿山にされた足尾を緑に戻す作業、「銅山遺跡」の観光化、福祉施設の整備などが積極的におこなわれ、新しい足尾に脱皮しようとしている。日光と直結する日足（にっそく）トンネルの開通という明るい材料もある。

そうした足尾の新しい姿も見たい。思い出の線でもある。

六月一五日（昭和五八年）、水曜日。上野発8時35分の急行「信州1号」で高崎着10時03分、同08分発の両毛線の電車で桐生着10時56分。足尾線の起点は桐生で、こんどの発車は11時11分となっている。

この列車は終点の間藤（まとう）までは行かず、その一つ手前の足尾止まりで、到着は12時54分である。

二度の乗りかえの接続はきわめてよいのに、上野から足尾まで四時間一九分もかかるわけだ。

足尾行の二両のディーゼルカーは、約三〇人の客を乗せて桐生を発車した。11時11分発という時間帯にしては、わるい乗車率ではない。

桐生の街を右に見て渡良瀬（わたらせ）川を渡ると、下新田（しもしんでん）信号場で両毛線の線路が左に分れていく。代って左から東武鉄道の桐生線が寄り添ってくる。これも架線が張られている。わが足尾線だけが

非電化である。

東武鉄道桐生線との接続駅相老(あいおい)を過ぎると、つぎが大間々(おおまま)で、11時28分着。ここで上り列車との交換のため七分停車する。

上り線に貨物列車が入ってきた。胴腹に「濃硫酸専用　古河鉱業」と白ペンキで書かれたタンク車が八両つながっている。足尾の製錬所から下ってきたものである。

足尾の銅山は昭和四八年に閉山になったが、製錬所は稼動しており、南米のチリその他から輸入した黄銅鉱を製錬している。その際に副産物として濃硫酸が抽出される。濃硫酸は危険物なのでトラックでは運べない。鉄道が唯一の輸送機関である。もし足尾線が廃止になったら、どうするのかと思う。

大間々を発車すると、渡良瀬川の右岸に出る。これから足尾まで、この川を遡ることになる。

まだ関東平野と足尾山地との境目で、あたりは桑畑が広がっているのに、すでに渡良瀬川は深く切れこみ、河岸段丘を削って、ところどころに崖をつくっている。

列車は崖っぷちの際どいところを、右に左に急カーブし、キイキイとレールを研削するような音をたてる。速度も遅い。黒部峡谷鉄道が宇奈月を発車して谷に入ろうとする、あのあたりの趣に似ている。もともと足尾線は銅山のために敷設された鉄道で、人間の運搬など眼中になかった。その点もダムや発電所建設のために敷かれた黒部峡谷鉄道に似ている。

渡良瀬川は足尾の鉱毒を撒き散らし、また、しばしば利根川との合流点付近で氾濫を起す川として、悪名が高い。おそらく日本の諸河川のなかで、もっともイメージの悪い川であろう。

けれども、足尾線の車窓から見下ろすかぎりでは、意外に美しい川である。水もきれいだ。

河原を埋める白い岩々、川面に枝を張り出したカエデ。「清流」が、その枝の先を洗っている。左右に迫ってきた山々も緑濃い。

そして、通り過ぎる駅の名も、上神梅（かみかんばい）、水沼（みずぬま）、花輪（はなわ）……。ひなびた駅舎、美しい駅名、それが、のどかな山間の風景に似合い、溶け合っている。

六年前、この先に「公害の原点」があるとは信じられないような気持になったのを思い出す。今回もそうだ。変っていない。

旅をしていて、虚しさと、ある種の宗教的感慨を覚えるのは、こうした時である。

六年が経ってしまったなと思う。

渡良瀬川の右岸に張りつくようにして、曲折しながら遡ってきた列車は、神土（ごうど）を発車すると全長五二四メートルの草木トンネルに入る。流れのまにまに敷設された足尾線にしては不似合いな長大トンネルであるが、これは、草木ダム建設にともなって掘られたトンネルで、旧線は水没したのであった。

上り勾配の草木トンネルを一二分もかかって、ゆっくりと抜け出ると、涼風が窓から心地よく吹きこみ、渡良瀬川を左岸へ渡って沢入に着く。地図の等高線を見ると、標高五〇〇メートルまで登ってきている。

沢入は段丘の上にある明るい小集落で、六年前、桃源郷とはこんなところのことかと思ったものだが、今回も印象は変らない。

その沢入と、つぎの原向との間に短いトンネルがあり、それを境に群馬県から栃木県に入る。このあたりの渡良瀬川は「〇〇峡」の名称を付したいほどで、とくに谷を埋めた岩の巨大さと白さは眼を見張らせる。

11時44分発の原向を過ぎて渡良瀬川を渡ると川幅が広がり、まもなく右窓に一段低く足尾の家並が見えてきた。

おや？　と思う。六年前とちがうのである。

あのときは黒いトタン屋根のひしめく、くすんだ足尾の町だった。不況の鉱山町特有の胸をつかれるような暗さだった。

それが青い屋根に変っている。真新しい白亜のビルもいくつかある。五階建の立派な病院、「足尾銅山観光」の広告をのせた町民センター、公営住宅。いずれも前回にはなかったものである。赤いペンキの色も生々しい大きなアーチ橋も渡良瀬川をまたいでいる。

驚いているうちに12時51分、通洞(つうどう)に着き、大半の客が下車する。終着駅の間藤へはつぎの列車で行くことにして、私も通洞で下車した。

駅名からすると、つぎの足尾が町の中心駅のようだが、足尾駅まで乗ってしまうと町はずれで、町役場、旅館、商店などは通洞付近に集まっている。

まず町役場へ行く。応対してくれたのは産業観光課の菅野征二さんで、最盛期には三万八千余人であった人口が、現在は五七二六人に減り、減少傾向はまだ続いていること、観光施設の整備に力を入れていること、禿山を緑化するために「植生袋」という種と土と肥料がいっしょになったものを山肌に並べていること、人が登れないところはヘリコプターで撒いていること、渡良瀬川の水がきれいになって、ハヤ、イワナ、ヤマメが釣れるようになったこと、日足トンネルの開通によって観光バスが来るようになったが、「銅山観光」に立寄るのが精々で、お金を落とさずに足尾町を通り過ぎて行ってしまうことなどをうかがう。

家並が「黒」から「ブルー」に変ったことを訊ねると、

「町のイメージを明るくしようというわけですが、ただ屋根のペンキを塗り変えただけですよ」

と言って、菅野さんは苦笑した。

町役場を辞して、昭和五五年四月にオープンした「銅山観光」へ行く。これは廃坑の一部を利用した銅山博物館であった。

まず、町民センターの階下の駅からバッテリー式の「鉱内電車」に乗って「通洞坑」に入る。通洞坑は足尾銅山の三つの坑道のうちの一つである。

坑内に入ると、たちまち終点であるが、楽しい演出だ。

そこから歩いて一巡する。さまざまな人形が採掘の模様を江戸、明治、大正、昭和の順に再現する。客がスイッチを押すと、人形がツルハシを振り上げたりする。

また、「寛永通宝一文銭」の鋳造工程をミニチュア人形であらわした「鋳銭座」などもあって、勉強になった。

さて、終着駅の間藤へ向うことにする。

通洞発15時07分。これもディーゼルカー二両であった。

家並を右に見ながら、わずか〇・九キロを三分かかって、ゆっくり走ると足尾で、改札口の横に「海抜六四〇米」とある。足尾は夏涼しく、クーラーを使う家はないという。

足尾から間藤までは一・三キロで、短い駅間距離だが、その間に左窓の備前楯山が険しい禿山に変る。この備前楯山が銅の山で、掘り抜かれた坑道の総延長は一二〇〇キロにも及ぶ。

間藤着15時14分。

無人化された終着駅で、前回訪れたときは廃屋のような駅舎に人影はなく、淋しいかぎりだったが、この駅もまた変貌していた。駅舎が老人クラブの作業場になっているのである。

つくっているのは「足尾焼」という、あまり聞いたことのない焼きものだが、昭和三九年に誕生したもので、銅山の鉱泥を利用した新しい地場産業なのだそうだ。

居合せた老人クラブ会長の桜井利忠さんに話をきく。桜井さんは大正一三年から昭和三七年まで選鉱所で働いてきた人である。

「足尾焼も、だいぶ良うなってきました。はじめはスライムいうヤマの滓泥をこねて焼いとりましたが、うまくいかんいうことで、ヨソの土と混ぜるようになりましてな。それで良うなりました。いまは信楽の土を混ぜとります」

そう言ってから、桜井さんは、

「ここへ通うのが楽しみでしてな」

と眼を細めた。

作業場の内部は、老人の手すさびとは思えないほど整っており、立派な窯元の様相を呈していた。

旅客列車の終着駅は間藤であるが、貨物専用の線路が、さらに先へ一・九キロ延びて足尾本山（ほんざん）に達している。本山には製錬所があり、最大の坑道であった本山坑跡もある。通洞が町の中心ならば、本山は銅山の中心である。私はタクシーを呼んで本山へ、さらにその奥へと行ってみることにした。

間藤から先の、私の乗れない線路を怨めしく対岸に眺めながら行くと、まもなく禿山を背景にした巨大な製錬所と赤い焰が谷の向う岸に見えてきた。

製錬所を過ぎると、谷が深まり、まもなくダムが立ちはだかってくる。昭和三〇年に完成した防砂ダムで、このダムが建設されるまでは、大雨が降ると禿山から一気に土砂が流れ下って下流に洪水を起したという。

崖っぷちの危なっかしい道を登り、ダムの上に出る。

ダムは、北から流れ下る久蔵沢、西北からの松木川、西からの仁田元沢という三本の沢の合流点につくられたのだが、すでに土砂が堆積して、ダム湖はほとんど消滅していた。放置すれば、あと数年で土砂がダムを越えるのではないかと心配になる。

ここまで来ると、まことに荒涼とした眺めだ。久蔵沢の両側の山肌は植生袋のおかげで、うっすらと緑がある。けれども、もっとも険しく奥深い松木川の谷は峨々たる禿山だ。仁田元沢も禿山である。

「ここは、よくテレビや映画のロケに使われるのですよ。『人間の條件』もここでしたな」

と運転手が言う。

「きのうも映画屋さんを乗せて下見に来ましたよ」

「しかし、山が緑に戻ったら、ロケに使えなくなりますね」

「いやいや、いつのことかわかりませんよ。なにしろ、雨が降れば種も苗も流されてしまうし、やっとこさ根づいて芽を出せばカモシカが食ってしまうし。賽の河原ですな」

この運転手は不景気な話ばかりしたがる人で、

「足尾線がなくなれば、濃硫酸が運べなくなる、そうなれば製錬所は閉鎖ですな。あとは銅山観光と足尾焼だけか」

とも言った。

その晩は「かじか荘」という国民宿舎に泊った。製錬所とは備前楯山をはさんで背中合わせの谷にあるので、本山側の禿山とはちがって緑が濃く、別世界だった。

夕食の膳にイワナが出た。渡良瀬川で獲れたとのことであった。

海芝浦［鶴見線］

「鶴見線に乗ったことがありますか」

横浜や湘南方面から東京に通勤している人に訊ねてみる。が、ほとんどの人は存在すら知らない。

鉄道に関心のある人は、さすがに知っている。けれども、乗ったことのある人となると、少ない。

残念なことだと思う。

鶴見線の起点の鶴見は、東京駅から国電で二五分、横浜駅からなら一〇分という近いところにある。その鶴見で下車すれば、扇町（おうぎまち）までの本線七・〇キロ、海芝浦（うみしばうら）への支線一・七キロ、大川への支線一・〇キロの三本に乗って鶴見線を「全線完乗」し、起点の鶴見駅に戻ってくるのに二時間とはかからない。運賃にしても六〇〇円たらずである。たったそれだけで「都会のなかのローカル線」ともいうべき特異な景観に接し、独特の雰囲気にひたれるのだ。それに、鶴見線には他の国鉄線や私鉄に見られないおもしろいことがいろいろある。大川支線には旧形国電のクモハ12が昔なつかしい姿で走っている

――。

「一度、ぜひ鶴見線にお乗りになるといいですよ」

とすすめることにしている。

私は国鉄の全線に乗ったことのある人間なので、よく「どの線がいいですか」と聞かれる。けれども、うっかり答えられない。私なりに良かったと思う線はいくつもあるが、鉄道にかぎらず、旅の印象はいろいろな条件によって左右される。私がいいと思っても相手がおなじ印象を持ってくれるとはかぎらない。北海道のさい果てのローカル線なんぞを推賞して、お前に言われたから乗りに行ってみたけれど線路と駅のほかには何もないじゃないか、つまらなかったぞ、と怨まれかねない。相当な時間と大枚を投じたにちがいないから、そのぶんだけ非常に申しわけない結果になる。

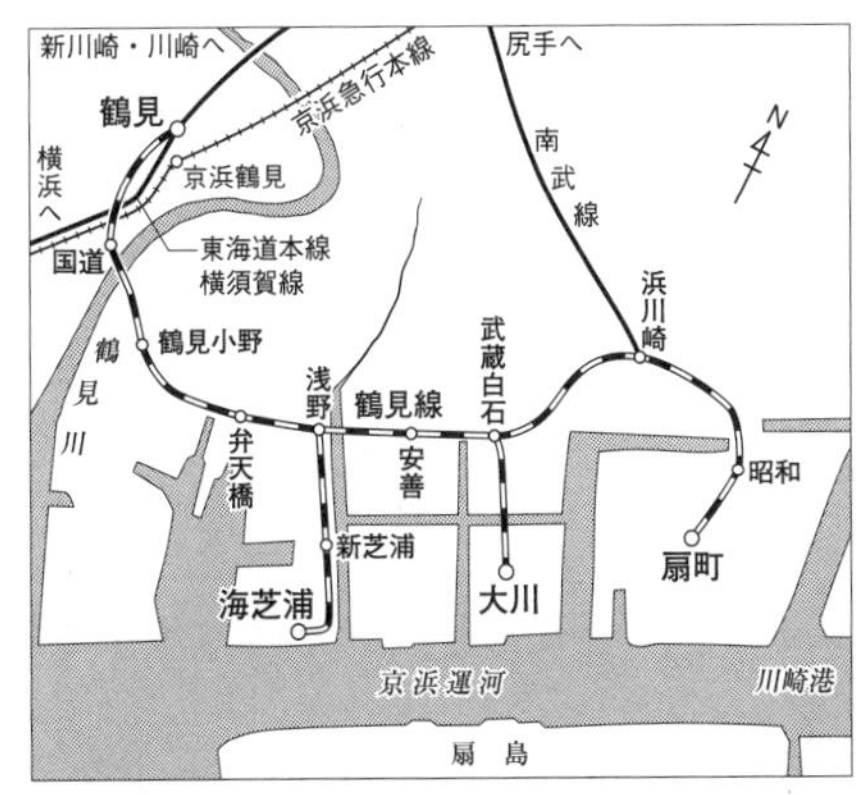

その点、鶴見線ならば気が楽だ。乗ってみて良かったと言ってくれるかどうかわからないことに変りはないが、はずれたって、二時間と六〇〇円の損失にすぎない。首都圏在住者でなくても、東京に所用でやって来る人は多いだろう。そんな機会にぜひ乗るといい。先立つものと時間がなくてローカル線めぐりなぞできないと嘆く主婦にも鶴見線ならばと、安心してすすめるわけである。

が、かく言う私にしても、鶴見線とのつき合いは浅い。五〇年も東京に住んでいるのに鶴見線に乗ったのは、わずか七年前であった。いつでも乗りに行けるからと後まわしにしているうちに、すっかり遅れてしまった。もし国鉄全線完乗を目指さなかったなら、いまだに鶴見線に乗らずにいたかもしれないと思うと、あまり大きなことも言えないのだが、とにかく、はじめて鶴見線に乗ったときは、ありゃりゃ、と感動し、ひとつの教訓を得た。

その教訓とは、遠くへ行くばかりが旅ではない、ということであった。日常性の脱却にこそ旅の価値があるのであって、距離は問題ではない、ということであった。

それいらい、何かにつけて鶴見線に乗るようになった。そして、乗るたびに、

――これこそ「旅」であるぞ、

と思うのである。

一月一八日（昭和五八年）、火曜日。午前六時に家を出た。私の家から鶴見までは一時間一〇分ほどかかる。あたりは、まだ暗く、あいにく雨が降っている。

こんな時間に家を出たのは、朝のラッシュ時の鶴見線に乗ってみたかったからである。あれいらい、ときどき鶴見線とつき合うようになったけれど、工場群への通勤者でひしめく朝のラッシュ時に乗ったことはなかった。

渋谷で井の頭線から山手線に乗りかえる。まだ暗い。車内もガラ空きである。品川で、ようやく薄明るくなったが、京浜東北線の車内は座席の半分ぐらいしか客がいない。まだ働く時間にはほど遠いといった感じである。すこし早すぎたかなと思う。閑散としていたけれども、雨の多摩川を渡って川崎に着くや、客がどっと乗ってきた。閑散としていた車内が一瞬にして様相を変えた。トロンとしていた私の身も締まった。

貨物線の下をくぐり、右から横須賀線が寄り添って鶴見川の短い鉄橋を渡ると、右窓に丘陵が迫って、鶴見駅に進入する。

席を立って、人をかき分けながら扉のほうへ進もうとすると、前の客が振りかえって、なんで押すんだという顔をする。それもそのはずで、じっとしていても自然に外へ押し出されてしまうくらい、たくさんの客が鶴見で降りるのであった。

その人たちと階段を上ると跨線橋で、海側へ向えば駅ビルと京浜急行の駅があり、山側には鶴見線の乗り場がある。それで、駅ビルのある表口へ向う人の波に流されまいと、また人をかき分けにかかると、それも無駄で、客の大半は鶴見線に乗るのであった。昼間や休日の閑散時にばかり鶴見線に乗りに来ていたので、きょうは何かと勝手がちがう。

鶴見線には専用の改札口がある。

国鉄から国鉄へ乗りかえるのに改札口を通らなければならないのは、新幹線の場合を除くと、きわめて珍しい。これは鶴見線の特異な性格を物語るものだが、その説明は後にまわすとして、ここで編集部の秋田さんと落ち合う。人びとの流れからはじき出されたようにポツンと一人で立っているので、すぐわかった。

早起きのおつき合いを謝して、専用改札口を通る。切符など見せているのは私たちだけで、みんな定期券である。

鶴見線は、いわゆる「国電」であるが、乗り場の構造と雰囲気は国電のそれではない。短い片面ホーム二本が対面に並び、末端がつながって「コ」の字型になっている。その上を被っているのはカマボコ形の鉄骨ドームである。高架駅でもあり、東京モノレールの浜松町駅に似ている。

血筋は争えないもので、鶴見線の前身は「鶴見臨海鉄道」という私鉄であった。それが昭和一八年、戦時輸送体制の整備のため国鉄に買収されたのである。

その旧私鉄の面影を濃く残すホームに、１０１系という標準形の国電が停っている。

色も総武線とおなじ黄色で、一見して「国電」だから、私鉄風ターミナルに似つかわしくない。

電車は扇町行と海芝浦行とが交互に発車する。昼間は運転本数が少ないので改札口に面した3番線一本のみが使用されるが、いまはラッシュ時なので4番線にも入ってくる。7時14分発の扇町行が3番線、17分発の海芝浦行が4番線、21分発の扇町行が3番線という順序である。海芝浦行に乗る客はホームの末端を迂回して向い側の4番線へ行かねばならないわけだが、ホームが短いので大したことはない。

私たちは、まず海芝浦へ行くことにした。

扉が開いて乗りこむと、たちまち車内が満員になる。私は進行方向の左側の扉に押しつけられた。こちら側の窓外を眺めるには絶好の場所だが、右側はまったく見えない。右側ならば鶴見を出てすぐに曹洞宗大本山の総持寺の堂宇を望み、私鉄時代の名残をとどめる「本山(ほんざん)」駅の島形ホームの残骸を見ることができるのだが。

発車すると、眼下に東海道本線関係の八本の線路と京浜急行の二本の線路を見下ろし、左へカーブしたかと思うと、これらの線路をひとまとめにまたぐ。「またぐ」というと、こっちがえらいみたいだが、鉄道の場合は上をまたぐのが先輩にたいする礼儀である。だいたい私鉄のほうが国鉄より後に敷設されるので、私鉄が上をまたぐケースが多いようだ。

一〇本の線路の上を越えると、さらに左へぐいぐいとカーブする。国鉄線には見られない急カーブで、一部には半径一七〇メートルというのがあるという。

その急カーブの途中に高架駅がある。ホームが曲っていて車両はまっすぐだから、扉の位置によっては大きな隙間ができる。あいにく私が押しつけられている側の扉が開いた。はたして人間が楽に落ちられるだけの隙間がある。この駅の名は「国道」。すぐ下を旧東海道の国道15号線が通っているからだが、ローカル私鉄時代を偲ばせる無造作な駅名ではある。

このあたりは横浜市鶴見区生麦(なまむぎ)町で、文久二年(一八六二)、島津久光の行列と騎馬のイギリス人とが悶着を起した生麦事件の地である。

「国道」を発車すると、鶴見川を渡る。京浜工業地帯の埋立造成がおこなわれる以前は、このあたりが河口だったらしい。いまでも小さな漁船や釣舟が岸につながれていて、入江の風情がある。

鶴見川を渡ると、町工場、学校、アパートなどの立ち並ぶ間を高架から地平へ下って鶴見小野に着く。下町の小さな私鉄駅といった感じだ。

さて、鶴見小野を出て、高速道路の下をくぐると状況は一変し、埋立地と大工場群だけになる。これからが鶴見線の本領である。まず旭硝子に日本鋼管。にわかに側線が増え、各工場への引込線が複雑にからんで、どこかの工場内へと迷いこみそうな気がする。つぎの弁天橋は、漁民の守り神の弁財天が海上にあり、橋がかかっていたことに由来するというが、いまは工場ばかりである。

弁天橋からちょっと走ると、ガクンと分岐器の衝撃があって、扇町方面への本線から右へ分れ、支線の海芝浦線に入る。そして浅野に着く。

一般に支線が分岐する場合、起点の駅を過ぎてから分れるのだが、浅野では分岐してから駅がある。しかも、支線が右へと急カーブしているのでホームが三味線のバチのように末広がりになっている。

広がりすぎて空地のようなホームに彩りを添えようというのであろう、花壇があり鳥小屋がある。砂利と土のホームが雨でぬかっている。

浅野という駅名は、浅野財閥の創設者であり京浜工業地帯の埋立造成者の一人でもある浅野総一郎（一八四八—一九三〇）からきている。もとは海で地名がなかったからであろう。鶴見線内には客扱い駅が一二あるが、人名や会社名に因むものが多い。浅野、鶴見小野（小野信行＝地主）、安善（安田善次郎）、武蔵白石（白石元治郎＝日本鋼管の創立者）、大川（大川平三郎＝製紙財閥）、新芝浦（東京芝浦電気京浜事業所）、海芝浦（同）、昭和（昭和電工川崎工場）などである。

浅野を発車して、さらに右へぐいと曲ると、突然左窓が開けて運河が現れる。どす黒い平底船が行き交っている。オランダのロッテルダムあたりに似通う眺めである。

この旭運河が出現する瞬間は鶴見線の白眉だと思う。何度来ても、いい。

旭運河に沿って走ると、新芝浦で、四分の一ほどの客が下車する。そして無人の改札口を通って工場へ入って行く。

鶴見線内の一二の駅は、客にとってはすべて無人駅である。駅員のいる駅はあるが、これは貨物のためで、乗客にたいする改札はおこなわない。自動券売機と使用済の乗車券を入れる箱が置いてあるだけだ。こういう場合、車掌が集改札をするのが普通だが、鶴見線では、それも一切おこなわない。駅間距離が短いので、ドアの開閉に忙しく、そんな暇はないだろう。だから鶴見線内に入ってしまえば国鉄の囲いの外に出たのと同然になる。そのかわり、鶴見駅に専用改札口を設けて出入りをチェックしているわけである。

ただ、鶴見線内で乗り降りし、鶴見駅を通らない客にたいしては、どう処置するのかという問題は残る。しかし、鶴見線を利用するのは定期券客ばかりであるし、すこしぐらいの不正乗車があっても、その防止のために駅員を配置したり、車掌を増員したりする必要はない、ということなのだろうか。とにかく、鶴見ランドとでも呼びたくなるような格好になっている。

新芝浦までは複線だが、ここからは単線になる。電車は旭運河と別れて右へ曲り、東芝工場のなかへと進入する。貨物用の引込線に入ったかのようだ。

そして、右へ九〇度カーブすると、工場から抜け出し、幅広い京浜運河に接して停車した。終着駅の海芝浦である。

これほど海に近い駅は他にないだろう。埋立地の岸壁にホームがあるので、柵から首を出すと直下に海面があり、青黒い水がひたひたしている。船の舷側から見下ろしたような錯覚におちいる。

鶴見線には三つの終着駅があるが、この海芝浦が断然おもしろい。海の気にひたることができる。

それで、さっそく柵に手をかけて首を出そうとしたが、今回はそれができない。せまい片面ホームに通勤客がひしめいているので、私たちが立ち止まると、人の流れが渋滞するのである。

海面を見下ろすのはあとにして、みんなといっしょに歩く。このままでは工場のなかまで連れて行かれそうだ。私たちは柱の蔭のわずかな空間を見つけて待避した。

ホームの先端を右へ折れたところに駅舎のような建物があり、客たちはそれを抜けて東芝工場へ向う。けれども、これは駅舎ではない。軒には「東芝京浜事務所」とあり、

「これより先は東芝構内です。当社に御用のある方以外は入場をお断わりします」

「従業員証、入門許可証拝見」

の札が立っている。駅の出口すなわち東芝工場の入口なのだ。こんな駅は他にないだろう。

その出口だか入口だかの両側を固めている守衛さんの一人に、

「この工場に用はないのだけど、どこまで入れるのですか?」

と私は訊ねてみた。

「そこまでですよ」

と守衛さんは私の足もとを指さした。見ると、太い白線が鮮やかにひかれていた。

東赤谷［赤谷線］

上越新幹線の試運転列車に乗ったあと、第一次廃線候補に挙げられて余命いくばくもない赤谷線に乗る……。明と暗、こんな酷薄で、贅沢な鉄道旅行はないだろう。廃線候補となった各線のすべてが実際に廃線になるとは思われないが、赤谷線の場合は、並行する道路の整備を条件に地元が廃線を了承する意向だという。

この明と暗を結ぶのが白新線で、私を乗せた新潟発の電車は、阿賀野川を渡り、早稲の刈り入れに忙しい新潟平野を三〇分ほど走って、14時54分、羽越本線との接続駅新発田に着いた。赤谷線は新発田を起点として飯豊山麓の東赤谷に至る一八・九キロのローカル線で、こんどの発車は15時39分となっている。

城下町新発田の駅は市街地の東のはずれにある。

したがって、駅の西側はビルや家が建てこんでいるが、東側はうら淋しい。ススキの穂が揺れる湿地と、点在する新住宅の向うに飯豊山がかすんでいる。きょうは九月八日（昭和五七年）、まだ残暑の候であるが、線路際にススキの揺れる東側には秋の気配がただよっている。

赤谷線の列車は、このうら淋しい側の3番線に発着する。しかも、3番線を独占しているわけではなく、その北寄りの一部を使用しているにすぎない。

15時39分発のディーゼルカーは、まだ入線していない。待つ客は私のほかにはなく、3番線の北寄りの一角は、ひっそりしている。

ホームの北端に立っていると、赤谷線の線路上にディーゼル機関車が姿を現した。そのうしろには無蓋貨車が三両つながっている。東赤谷からやってきた鉄鉱石の貨物列車である。赤谷線は赤谷鉱山のために敷設された線であるが、いまは産出量が減り、一部はトラック輸送に切りかえられて、たった三両の貧弱な貨物列車が週に二便か三便走るだけになっているという。その貴重な列車に偶然めぐりあえたのは幸運だが、貨物列車というものは、貨物を何十両もズラリと連結していないと、わびしくていけない。

赤谷線の貨物列車が側線に引き入れられて五分ほどすると、東赤谷行のディーゼルカーが三両連結で入ってきた。

最前部の車両に乗ったのは私一人である。後部の二両を覗いてみたが、土地のおばさんや爺さん五人と高校生の三人組だけであった。

この時刻ならば、もっと高校生が乗ってくるはずだがと、窓から顔を出していると、発車時刻が近づくにつれて、ようやく黒い制服姿が数人ずつ乗って、三〇人ぐらいになった。これでどうにか格好がついたが、乗車率にすれば一〇パーセントそこそこであろう。

定刻15時39分に発車すると、すぐ羽越本線と別れ、右に急カーブをきる。レールを研削するような音を発しながら右へ右へと曲り、左窓にさしていた陽光が右窓に移ると、稲架(はさ)用の並木が点在する水田地帯になった。

赤谷線には途中駅が六つある。最初は時刻表に載っていない仮乗降場で、駅名は「東中学校前」。バス停のような名だ。もちろん無人駅で、片面ホームがあるだけだが、男女の中学生が五〇人ほど乗り、車内が賑やかになった。

つぎの五十公野は難読駅名の一つで「いじみの」と訓む。車掌がミカンの箱をホームに投げ出す。受けとった初老の駅員が、しげしげと荷札を眺めている。

無人駅の新江口(しんえぐち)を過ぎると、右から山が迫って米倉(よねくら)に着く。中高校生の半数が下車し、自転車やバイ

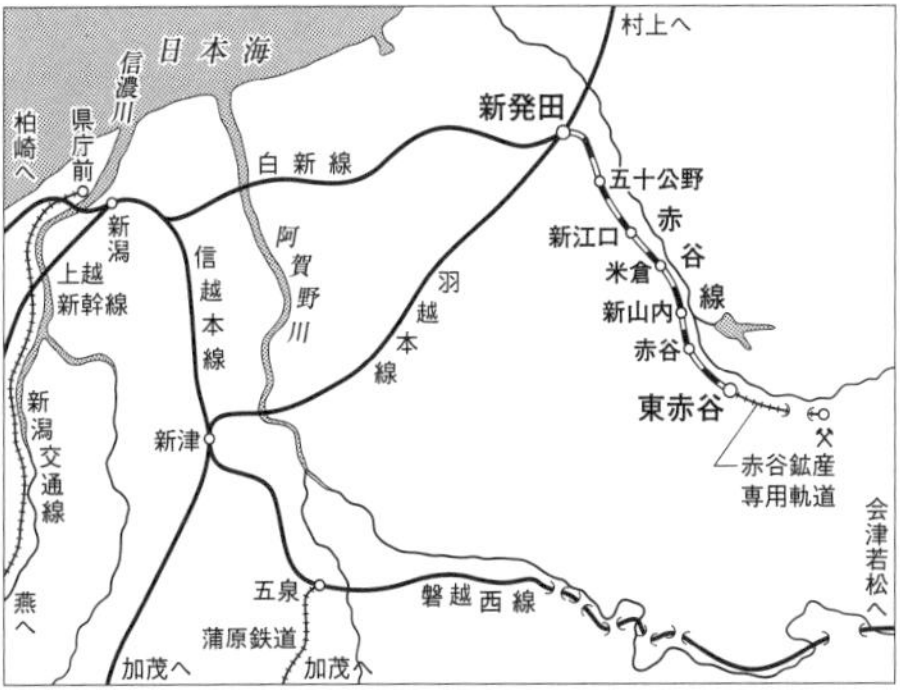

クに乗って散って行く。

このあたりから上り勾配になり、左窓の山々も近づいて、左右の山に挟まれた加治川が清楚な白い河原を見せる。

つぎの無人駅新山内では、「赤谷線廃止反対」と朱書された大きな立看板の片脚が折れて、倒れかかっている。反対運動も終ってしまったのだろうか。

にわかに両岸の山が迫って、加治川の谷が深まり、山峡の景観になる。

線路の右に沿っている簡易舗装の狭い道路は、阿賀野川畔の津川へ抜ける旧会津街道で、かつては会津藩と新発田藩を結ぶ主要な街道であった。戊辰戦争の際、新潟に上陸した官軍と会津藩の先鋒をつとめた新発田藩とが戦ったのは、このあたりだという。

崖の上の危なっかしいところを旧会津街道と身を寄せ合ってすり抜けると、白い河原が眼下に広がり、対岸に内の倉ダムを見て、16時09分、赤谷に着いた。新発田から三〇分ちょうどである。

新発田藩の南を扼す交通の要衝であり、関所が置かれていた赤谷の集落は、駅から一・五キロばかり先にあるので、駅の付近には人家が少ない。しかし、残り少なくなった客の大半はここで下車し、自転車やバイク、あるいは徒歩で線路沿いの街道を登って行く。こんな不便なところに駅が設けられたのは勾配の関係であろう。

先頭車に乗っているのは、私ともう一人の老人だけになった。が、ここから終点東赤谷までの一駅間は赤谷線の見どころである。

赤谷で前方を眺めると、線路が思いきりよく反りかえり、一〇〇〇分の三三・二の急勾配を示す標識が立っている。ディーゼルカーは唸りながら勾配を登る。あまりに客が少ないので、恐縮なような勿体ないような気分になる。おそらく私が支払った運賃の何倍、何十倍もの油を消費しているにちがいない。昭和五六年度の赤谷線の経営成績は一〇〇円の収入に対し経費は一二四六円で、年間の赤字は四億九二九六円と計算されている。

エンジンを唸らせながら赤谷の集落の下を過ぎる。このなかに関所番の後裔の家があり、その名も「関口さん」だそうだ。

赤谷の集落を過ぎると、右は鬱蒼とした杉山、左は加治川の谷、対岸は典型的な河岸段丘になる。夕べが近づいて気温が下ってきたのであろう、河面に靄が淡くただよいはじめた。

線路の両側をススキの穂が白く流れる。山側のススキは高いところから斜めに生えているので、ときどき白い穂が窓枠を払う。

人家もなく、乗客もいない。ディーゼルカーだけが無意味に走っているような虚しい想いにとらわれる。

まもなくススキを透して右手に一段高く東赤谷駅のホームと直立する駅長の姿が見えてくる。ディーゼルカーは、こんな駅とは無関係だというかのように勾配を上りながら通り過ぎ、二〇〇メートルばかり走って、いったん停車する。ここでポイントが切りかえられ、列車は逆行して、ゆっくり終着駅東赤谷に進入する。

駅の線路は水平、正確には一〇〇〇分の三以内の勾配で敷かなければならないので、傾斜地に駅を設ける場合は、このような配線にするのだが、終着駅がスイッチ・バックになっているのは国鉄では東赤谷だけである。

盛土に芝の植えられた、土手のようなホームに降りたのは私のほかに四人であった。

東赤谷の駅舎は昭和一六年に建てられたままの木造平屋であるが、丸太の柱が白く塗られているので、ちょっと瀟洒に見える。その柱に「海抜一七二メートル」の板が打ちつけてあった。

駅舎を出ると、鉱石積込み用の塔と専用軌道があり、その向うに鉱業所の社宅が並んでいる。けれども、ほとんどが無人で、なかには斜めに傾いているのもある。雪の仕業であろう。このあたりは豪雪地帯で、積雪は三メートルにも及ぶという。

けさから取材に来ていたカメラの山内さんと落ち合い、赤谷鉱産会社を訪れる。

快く応対してくれたのは、ヤマの体臭のただよう気さくなおじさんで、鉱夫の頭といった感じだったが、頂戴した名刺を見ると、社長の鵜飼達雄さんであった。

鵜飼さんの話によると、戦争末期の最盛期には二〇〇世帯もの従業員が東赤谷に住んでいたが、いまでは社員が減ったうえ、ほとんど新発田からマイカーで通勤してくるようになって、わずか七世帯しか残っていないとのことであった。

「赤谷線は私たちの鉱山のためにつくった鉄道です。それがなくなると思うと、断腸の思いです」

という鵜飼さんの感慨を背に赤谷鉱産を辞して、駅に戻り、駅長の佐藤諭さんの話を聞く。人口の減った話、それ以上に減った乗客数、明るい話題はひとつもない。

佐藤さんは地元の出身で、東赤谷に住んでいる。

「子どもたちは結婚して町へ出て行きましたから、いまは家内と二人きりです」

と、淋しそうであった。

ポン、ポンと爆音器の音が山間にこだまする。カラスやサルを追い払っているのである。人間が減ってサルが増えたのであろうか、駅の構内にも群れをなして現れるという。

山峡の東赤谷駅に初秋の夕暮れが迫ってきた。

急勾配を上るディーゼルカーの唸りが近づいてくる。この列車は18時18分発となって折り返す。私たちは、これに乗って東赤谷をあとにするつもりである。

「お客さんが一人も現れませんでしょう。いつもこうなんですよ。……どうか、よく見てやってください、この駅を」

佐藤さんの声は、かすかに震えていた。

しかし、思いなおしたように金筋二本の制帽をかぶりなおすと、毅然とホームに直立した。

あたりが暗くなって、ススキの穂が白さを増している。その向うに、わずかな客を乗せ、車内の照明のみ明るいディーゼルカーが、走馬灯のように現れた。

別所温泉［上田交通別所線］

信越本線に乗って軽井沢を通ると、草軽（くさかる）電鉄を思い出す。

ここから草津温泉まで軌間七六二ミリの線路が敷かれ、小さな電気機関車が馬車のような客車を牽いて走っていた。

私は草軽電鉄に幾度か乗ったことがある。浅間山を望み、ススキをかき分けながらコトコト走る、のどかな高原列車だった。

あのときは、当然あるべき鉄道として、有難味を感じずに乗っていたが、昭和三七年に廃止になり、この世から消え失せてしまうと、惜別の情に駆られる。あと一度でいいから乗りたい、見たいと思う。けれども、駅の跡地はバスターミナルになり、喫茶店が建ち、路盤は道路に化したり草に被われたりして、もう取り返しがつかない。

軽井沢を過ぎると、特急「あさま7号」は浅間山の南麓を駆け下りる。

小諸の城跡を左にかすめると、千曲川の対岸に布引観音の崖が見える。かつては小諸からこの崖の下を通って島川原（しまがわら）に至る布引電気鉄道が通じていた。しかし、これも昭和一一年に廃止になった。わずか一〇年の営業で幕を下ろした小私鉄であった。

千曲川の谷に沿って下るうち、耕地が開けて、左に北国街道の宿場町、海野の古い家並を見る。白壁の倉が多い。

そして、大屋を通過する。大屋からも丸子鉄道というのがあって、製糸の町、丸子へ通じていた。この私鉄にも戦時中に乗ったことがある。地元の人や食糧の買出し客で超満員だった。

丸子鉄道は、その後、上田電鉄と合併したが、これも昭和四四年に廃止になった。

このように地方の小私鉄は、つぎつぎと消えていった。時代の流れとはいえ、淋しいことである。

だが、ここに踏みとどまって頑張っているローカル私鉄がある。上田交通別所線。

上田交通は、真田氏の城下町として知られ、長野県下第三の都市でもある上田市に本拠をおく会社で、現在はバス会社のようになってしまったが、かつては上田を中心にして四方に鉄道を張りめぐらしていた。社名が上田温泉電軌→上田電鉄→上田丸子電鉄→上田交通と変ってきているので、ややこしいが、全盛期は丸子鉄道と合併して上田丸子電鉄と改称した昭和一八年からで、路線は別所温泉へ、傍陽へ、真田へ、丸子町へ、西丸子へと放射状に延び、営業キロは四八・〇キロに及んだ。

この鉄道会社もまた、ローカル小私鉄のたどる道を歩んだ。昭和三六年に西丸子への依田窪線が廃止されたのを皮切りに、つぎつぎと線路が撤去されて、昭和四七年には別所線一一・六キロだけになってしまった。社名も上田交通と改称され、「電鉄」の文字が消えた。

その別所線も存廃の危機を迎えたが、「最後の一線」を守ろうとする地元の要望が強く、辛くも存続されることになったという。

特急「あさま7号」は定刻12時40分、上田に着いた。左手に木造の屋根をのせた短いホームがあり、一見してローカル私鉄とわかる古びた電車が一両、ポツンと停っている。外装は、下半分が紺と紫と緑を混ぜたような色で、上部は淡クリーム、前後の扉の戸袋に楕円形の窓がある。

円形の窓は大正の末から昭和の初期にかけて流行したデザインではないかと思う。私の子どものころ、場末のカフェやミルクホールなどによく見かけたものである。

この「丸窓つき車両」は五二五〇型といい、現在は

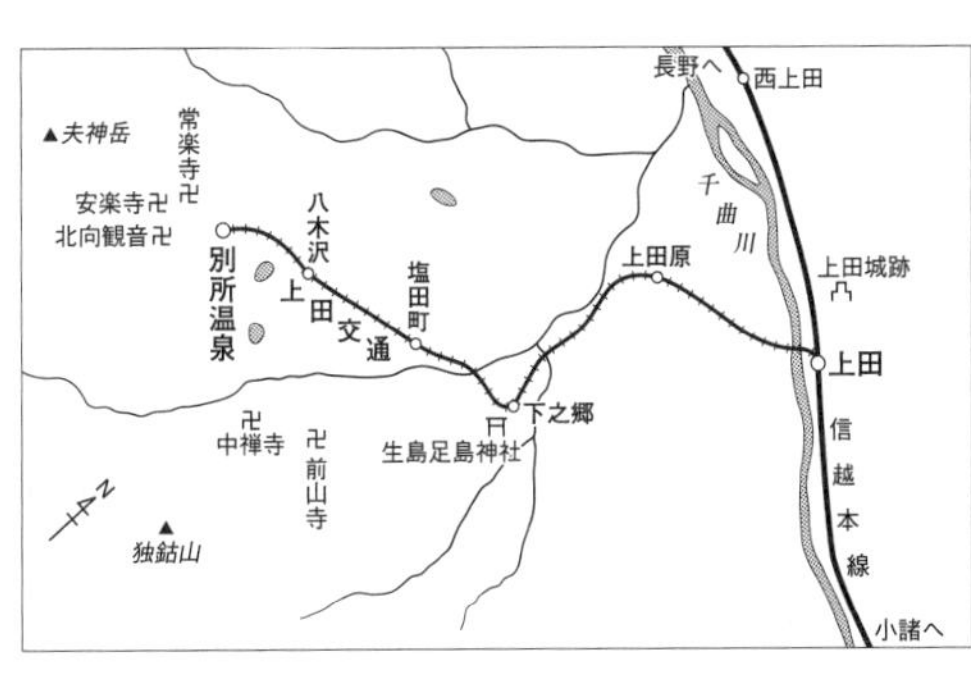

三両が稼動していて、上田交通のシンボルのようになっている。昭和三年の製造だから、当時は流行の先端を行く電車として、沿線の人たちの眼を見はらせたにちがいない。

それにしても、昭和三年いらい働きつづけているとは、なんと長命な電車だろう。すでに五五年である。そう聞いただけで他人事ではない。上田温泉電軌という、社名からして愛くるしい鉄道が開通したのは大正一〇年、この丸窓電車が昭和三年、私はその中間の大正一五年生まれだから、どうしても親近感がわく。

きょうは八月一日（昭和五八年）、夏は信州の季節だ。「あさま7号」から降りた客は多く、階段は雑沓している。

その客の大半は、階段を上ると跨線橋を右、つまり北へ向う。市街地に面した駅舎や駅前広場は北側にあり、菅平や蓼科、美ヶ原方面へのバスもそこから出る。

跨線橋を左へ向う人は少ない。こちらは上田交通別所線への通路である。幅が狭く、床も木張りであった。

狭くて年季の入った跨線橋を渡り、階段を下りると、上田交通の切符売場があって、風格のある初老の駅員が、物足りなさそうに坐っている。上田丸子電鉄時代の全盛期に入社した人ではないかと思う。

切符売場の窓口の脇に紙片が貼ってある。読んでみたら書き写したくなった。

「わたしたちの足、別所線を大切に！

たとえ快適な乗物とは言えなくても、
ラッシュ時に遅れることもなく、
人間のふれあいの暖かさを教えてくれる電車」

上田交通の老朽電車は発車した。

キイキイとレールをきしませて左に急カーブする。

たちまち信越本線の架線が右に遠ざかり、千曲川の鉄橋にさしかかる。

河中には胴長を着こんだ釣人が糸を流している。鮎を釣っているのであろう。

千曲川の鉄橋を渡り、城下（しろした）、三好町（みよしちょう）、赤坂上（あかさかうえ）と小駅を過ぎる。あの貼紙には「たとえ快適な乗物とは言えなくても」とあったが、乗心地がとくに悪いということはない。コトンコトンとローカル私鉄らしく走るだけだ。

が、窓からの眺めがちがうようだ。眼の位置が低いのである。路盤の盛土が、ほとんどなく、沿線の民家や水田とおなじ平面を走っている。畦道に電車を乗り入れたような感じがする。

上田から八分で、電車区のある上田原（うえだはら）に着く。

「うわあ、すごい電車区ですね」

と、編集部の秋田さんが言う。

じっさい、すごい電車区で、羽目板ははずれ、傾きかけたような木造の車庫の内外に、五二五〇型をはじめ、さまざまな形や色の電車が置かれている。凸型の小さな電気機関車もある。廃車になったまま放置され、草むしているのもある。時代が何十年も逆戻りしたようで、巧まずして鉄道博物館にもなっている。

上田原は、かつての分岐駅で、ここから松本街道の上を走る軌道が八・五キロ先の青木まで通じていたが、昭和一三年に廃止になっている。

分岐駅の栄光を思い出させるかのように、上田原を発車すると、電車はグイと左に曲って南へ向う。

右窓に塩田平（しおだだいら）が広がる。塩田平は古くから開けたところで、条里制の跡などをとどめており、また、鎌倉時代には北条氏の直轄地として信濃国守護がここにおかれた。北条氏は、鎌倉が危機に瀕した際の代替地として、この塩田平を目していたらしく、鎌倉からの街道も通じている。

事実、塩田平の周辺の山麓には古寺が多く、「信州の鎌倉」と言われる。

上田原から小駅を三つほど過ぎると、下之郷（しものごう）という、やや大きな駅がある。西丸子への依田窪線が分岐していた駅である。

下之郷を出ると、上田原のときと同じように急カーブする。が、こんどは右曲りで、塩田平の中央を西へ向う。

左窓に近く生島足島神社の鳥居と木立が見える。万物を生長させる生島大神と、万物を満足させる足島大神とが祭神だが、この神社が地理的に「日本の中心」なのだという。日本列島の地図を切り抜いて厚紙に貼りつけ、針の先にのせてみると、このあたりに重心がくるのかもしれない。

塩田平は降雨量の少ないところで、地図を見ると、灌漑用の溜池だらけである。その溜池で鯉が養殖され、「塩田鯉」として特産物になっている。けれども、畦道のような低い路盤を走る電車の窓からは見えない。見えるのは溜池を囲った土手だけである。

溜池も鯉も見えないが、火の見櫓はよく見える。それがじつに多い。半鐘は下っていないが、形は昔のままだ。亡くなった谷内六郎さんの絵を見る思いがする。

沿線で目立つのはブドウ畑である。新しい棚から青い房が下っている。酒を飲む女性が増え、ワインの生産が急上昇しているというが、日本のあちこちを旅行していて、それが実感できる。ブドウ畑が、ずいぶん増えた。

左窓に雲をかぶった山がつらなっている。標高一二六六メートルの独鈷山を主峰とする山々で、高さのわりには険しい山容である。弘法大師は、この山を霊場にしようとして探索を試みたが、鋸状につらなる峰の数が四九しかなく、五〇に一つ足りないとの理由で断念したという。

塩田町、中野、舞田と、無人駅を過ぎる。どの駅にも屋根をつけた自転車置場があり、夏休みなのに一〇台、二〇台と置かれている。別所線への乗客誘致のために上田交通が設置したもので、これは成功しているように思われた。

上田から二八分、一三の駅に小まめに停車してきた電車は、八木沢を発車した。つぎは終着駅の別所温泉である。

線路際に立てられた勾配標は「一〇〇〇分の四〇」、相当な急傾斜になった。前方に山が立ちはだかり、塩田平は西の果てに尽きかけて、耕地の区劃が狭くなり、段々畑になった。鉄道敷設の限界に近づいてきた。

左前方の一段小高いところに電車が停っている。留置線であろう。その右側に急勾配の線路がある。わが電車が上るべき本線なのだが、スイッチ・バック駅のように見える。電車は上り勾配に強い。事もなげに登りきると、平らになり、駅舎とホームが現れて停車した。

コの字型に囲まれた駅で、もう線路はない。行く手は植込みの土手になっていて、その上に白い築地塀がある。お寺の境内に突っこんだような趣だ。

別所温泉駅の駅舎は昔の西洋館ふうのつくりで、東急の田園調布駅を思い出させた。切妻の軒下には「BESSHO ONSEN STATION」とある。ホームの屋根も堂々としていて、正にステイションの名にふさわしい。起点の上田駅が、国鉄の片隅でうらさびれていたのとは大ちがいだ。ここでは誰はばかることなく君臨している。もっとも、坂の町別所の下はずれにあるので、君臨するにしては低い位置だが。

窓口で「上田城築城四百年記念乗車券」を売っている。いまや記念乗車券の乱発時代で、売ってない鉄道を探すのが困難なくらいだが、ここのは吊革をあしらった珍しいデザインであった。

記念切符を買いながら、乗客数について訊ねてみる。

「おかげさまで、わずかですが、お客さまが増えてきました」

と、中年の駅員が答えた。やはり、上田付近の道路の渋滞が影響しているのだそうだ。

駅から一本道の長い坂を上って行くと、道幅が狭くなって、温泉場に入る。両側に温泉旅館が立ち並んでいるが、今様のビル旅館はなく、木造ばかりである。信州でも有数の温泉なのに、湯治場の雰囲気が漂っている。

家並の中央を流れているのは、千曲川の支流の、そのまた支流の腰巻川という妙な名の川で、河畔のあちこちから湯気が上っている。この川が温泉脈を削り出したのであろう。湧出量は豊富なようで、三つの共同浴場のほかに温泉を引いた洗濯場もある。

私たちの宿は、奥まったところにある古くて立派な旅館だった。現在の建築基準法では木造は二階建てが限度だが、この旅館は四階まである。ただし、三階以上は使用できないので雨戸がしまっている。

一憩してから付近の寺めぐり。塩田平のうちでも、別所はとくに寺が多い。鎌倉時代に建てられた八角三重塔のある安楽寺、日本最古の石造多宝塔のある常楽寺など、いずれも杉や檜の巨木に囲まれて薄暗く、規模は小さいながら鎌倉の円覚寺や建長寺に通じるものがあった。

夕食までの時間を利用して山内さんと秋田さんは撮影に出かけ、私は手拭をさげて町に出る。

「石湯」という共同浴場がある。真田幸村の隠し湯で、岩風呂だと書いてある。これに入る。岩の湯舟に足先を突っこむと、ピリッとするほど熱い。しかし、他の客たちは悠々とつかり、禿頭に手拭などのせて談笑している。しからばと我慢して全身を沈めてみると、ちっとも熱くない。不思議な泉質である。入湯料は三〇円であった。

慈覚大師が入浴したので「大師湯」と名づけられた共同浴場もある。これにも入ってみた。

宿に戻れば、内湯がある。それに接して小さな露天風呂もある。これらにも入る。

ふやけきったところで、鯉、鮎、山菜の夕食。

氷見［氷見線］

富山県の漁港、氷見（ひみ）へ行こうと決めたが、東京から氷見線の起点の高岡へ行くには、じつにいろいろなルートが考えられる。

各ルートのキロ数と最短所要時間を東から順に示すと、つぎのようになる。

①上野―大宮（新幹線）―長岡―高岡　四八〇・二キロ。四時間五四分。

②上野―長野―直江津―高岡　四二八・八キロ。六時間一四分。

③新宿―松本―糸魚川―高岡　四二八・三キロ。七時間三五分。

④東京（新幹線）―名古屋―高山―富山―高岡　六四〇・九キロ。六時間五五分。

⑤東京（新幹線）―米原―高岡　六六三・二キロ。五時間二一分。

このほか、バスやケーブルカーなどを利用しての、

⑥新宿―松本―信濃大町（立山黒部アルペンルート）―富山―高岡　約一〇時間。

⑦新宿―松本―新島々（バス・安房峠越え）―高山―富山―高岡　約九時間半。

⑧東京（新幹線）―名古屋―美濃太田―美濃白鳥（バス・白川村経由）―城端―高岡　約一一時間半。

も考えられる。距離的には⑥が最短であろう。なお、⑥⑦⑧のバスやケーブルカーは冬期運休になる。

これらの各ルートを見渡して、つくづく感じるのは東京と富山県とを結ぶ交通の不便さである。間に「日本の屋根」が立ちはだかっているので、しかたがないが、「急がば回れ」「近くて遠きは……」という関係になっている。なまじ新幹線ができ、その恩恵を遠巻きに受けるようになったがために、かえって富山県の立地条件の悪さが目立ってきたようにも思える。これは鳥取県や秋田県についても言えることだろう。

それはさておき、各ルートを前にして目移りがしてしようがない。

旅の楽しさの一つは「計画」であり、場合によっては計画時がいちばん楽しかったということもある。その面から言うと、東京—高岡などは最高で、私は時刻表を相手に存分に楽しんだ。

結果は、なんのことはなく、①の最短時間のルートになった。なーんだと言われそうだが、そのかわり、帰途は高山から松本へ抜けた。

一〇月六日（昭和五八年）、木曜日、編集部の秋田さんとともに大宮発10時05分の上越新幹線ででかけ、長岡から「白鳥」に乗り継いで高岡着14時39分。

こんどの氷見線の発車は15時11分である。

氷見線のホームは駅舎側の西はずれにあり、北陸本線のホームとはズレている。明治三三年に私設の中越鉄道として開業した事情からであろうか。

しかし、ホームは長く、古レールを使った屋根もかけられている。

その古レールの側面に、おぼろながら横文字の浮彫りが見えた。指先で凹凸をさぐってみると、「CARNEGIE 1902」とある。アメリカから輸入したものらしい。

氷見線の列車は、ほとんどがディーゼルカーであるが、15時11分発は嬉しいことに「客車列車」であった。やはり、このほうが汽車らしくてよい。

先頭はベンガラ色のディーゼル機関車ＤＥ10で、そのあとに客車が六両もつながっている。わずか一六・五キロのローカル線にしては堂々たる編成だ。

このうち五両の塗色は青だが、後尾から二両目だけは昔なつかしいコゲ茶で、郵便・荷物・客の合造車であった。銘板によれば昭和二七年の製造。私たちはこの車両に乗った。

高校生と地元のおばさんたちを乗せて発車。左窓に高岡の家々の軒をかすめると、まもなく家並が切れて越中中川に停車する。対面に

もホームがあるが、レールは撤去されている。その使われなくなったホームの上で雀が遊んでいる。人間は来ないし、柵に囲われているから絶好の遊び場にちがいない。

左前方に二上山と頂上へのドライブウェイが見えている。標高二七三メートル。さして形のよい山ではないが、大伴家持は「ぬば玉の夜はふけぬらし玉くしげ　ふたかみ山に月かたぶきぬ」など、この山について詠んだ歌を幾首か万葉集に残している。家持は二八歳の若さで越中国司となり、このすぐ先の伏木で五年の任期を過している。

その二上山への視界をさえぎって国道8号線が傲然と現れ、単線の氷見線をまたぐ。こちらはゴトンゴトンとその下をくぐる。

コンテナ基地のある能町に着く。駅名に「町」がつくと響きが安っぽくなるが、氷見線ではいちばん規模の大きい駅で、ここから右へ貨物専用の新湊線が分岐している。

能町を発車して、高岡と新湊を結ぶ加越能鉄道と立体交差すると、左に中越パルプの工場、右に貯木場が現れて、港湾工業地域のなかへ分け入ったような感じになる。そして小矢部川を渡る。この川の河口が伏木港である。

製紙工場や化学工場が続々と現れる。小矢部川と、そのすぐ東を流れる庄川の水に恵まれての工業地帯だ。列車は工場群に挟まれて走る。

左窓の工場の間から勝興寺の大きな甍が見える。この寺のあたりが越中国府の跡だという。

ここで線路が左へ九〇度も曲る。そのカーブの途中に伏木駅があるので、ホームが弧を描いている。客の半数が下車し、荷物車から下ろされた新聞の束を助役が手押車にのせる。いまや台頭いちじるしい宅急便に荷物を奪われて、国鉄の荷物扱いは新聞と週刊誌だけになった観がある。

伏木駅を境にして工場群は消え、建てこんだ家並のなかに入る。最小限の用地で線路を敷いたからであろうか。窓から手の届きそうなところに家々の軒がある。台所や風呂場も丸見えだ。港町伏木の体臭が漂ってくるような区間である。

家並を抜けると、新しい住宅と畑と廃車置場などが混在するところへ出る。ふたたび左窓に二上山が見えてきた。

そんなところを、ちょっと走って、越中国分を通過する。田んぼのなかに片面ホームがあるだけの無人駅で、ディーゼルカーは停車するが、客車列車は停らない。

と、突然、右窓に海と砂浜が出現する。しかも、列車の進行方向を斜めに横切るように現れるので、はじめて氷見線に乗ったときは海に突っこむつもりかと驚いたものであった。

もちろん海に突入するはずはなく、左手には二上山の裾が海に張り出しているし、線路も左へ曲って岩崎鼻灯台の下を短いトンネルで抜ける。工場群や建てこんだ家並の間を走ってきただけに、この突然の変化は演出効果抜群である。

山が迫って、列車は波打際ギリギリのところを走る。コンクリートの護岸はあるが、荒波が押し寄せれば崩されそうなところだ。しかし、このあたりの海は北西風を能登半島が遮ってくれるので冬でも穏やかで、伏木も氷見も、その恩恵に浴して発展した港だという。

屹立した形のよい岩が海中から突き出ている。これは「男岩」と名づけられている。ついで、同じような形の岩があり、てっぺんに松が生えている。形状からすれば、これも男岩だが、「女岩」となっている。秋田さんが、

「あれがなぜ女なんですかねえ」

と言う。

右窓後方に遠く飛騨山脈の北辺が望まれる。白馬岳のあたりだろうか、中腹から上は雲に被われている。

列車は「雨晴岩（あまはらしいわ）」をかすめる。小さな鳥居と祠と碑が見える。碑には「この下よしつね公あまはらし」と刻まれているという。奥州へ落ちのびる途中、俄か雨に遭った義経と弁慶がこの岩蔭で晴れるのを待ったとの伝説の地である。

雨晴岩を過ぎると海に迫っていた山が後退し、砂浜と松林になる。海水浴には絶好の地で、保養施設や海の家が並び、駅がある。駅名は「雨晴（あまはらし）」。愉快な駅名なのでポスタ

ーになったこともある。

雨晴からは砂丘地帯で、列車は背の高い松林に沿って走る。枯れかけたのが目立ち、あまり元気のよくない松林だが、気持のよいところだ。

松林に接した島尾を過ぎた。つぎは終点の氷見である。短い線区ながら清濁あわせ呑んだような変化に富んだ氷見線三一分の旅も終りに近づいた。

市街地の南側を流れる仏生寺川を短い鉄橋で渡ると氷見駅の構内で、数本の側線が右へ分岐する。まだ使えそうな転車台も残っている。

左はホームで、片側一面だけだが、立派な鉄骨の屋根が長々とかけられ、ローカル線の終着駅にして上の部類である。改札口にカメラの山内さんの姿が見えた。

氷見は先史時代の遺跡や小さいながら城跡もあり、見るものがないところではないが、やはり見たいのは魚市場であり、沖合に設けられた定置網である。しかし、いまはその時間ではない。これらは、あしたの朝に見物を予定している。

県別の詳しい案内書によると、駅の西南に十二町潟という細長い潟があり、そこに天然記念物の「鬼蓮（おにばす）」が群生していて、大きいものは葉の直径が二・五メートルにも達すると記され、写真ものっている。

二・五メートルとはスゴイので、それを見るべくタクシーに乗った。

「十二町潟のはもうなくなってしまいましたね。小学校で栽培してるけど」と運転手が言う。がっかりしたが、ほかに行くところもないので、潟の先にある十二町小学校へ行き、コンクリートの溜池に浮かぶ直径五〇センチぐらいの可愛らしい鬼蓮を見てから旅館へ向った。

鬼蓮は小さかったが旅館は大きかった。鉄筋四階建てが丘の上にのっているので、最上階の大浴場からは黒い瓦屋根で埋まった氷見の町と港が見下ろせた。

夕食の膳は、富山県第一の漁港にふさわしく、質量ともに豪華で、その詳細なメニューを列記すると羨望嫉妬の的となること必定だから省略するけれど、とにかく魚、魚、魚で、食後に生臭い汗が出た。

翌朝、四時半に起床して定置網漁を見に行った。網は沖合五キロほどにあり、魚が上るのは六時ごろだという。

未明の暗い河口から、つぎつぎと漁船が出て行く。船上に立ち並ぶ人たちは戦闘帽のようなものをかぶって毅然としているので、艦隊の出動のように見える。小舟を傭った私たちは、そのあとを追った。

いつ用意したのか、秋田さんは一升瓶を二本積みこんでいる。漁民へのお祝儀だそうだ。

定置網に着くころには、海上が明るくなった。

一〇隻ぐらいの漁船が輪になり、舷側に並んだ人たちが網をたぐっていく。たぐるにつれて囲みが小さくなるので、一隻、二隻と離脱する。四隻が残って「ロ」の字型になったとき、水面に魚群の背びれが見えた。大小さまざまで、網にひっかかったままたぐり上げられるカニもいる。氷見といえば寒ブリ漁が有名だが、いまは種々雑多なものが入るらしい。

ここまで網が狭まってくると見物船からでは見えないので、漁船に跳び移り、網をたぐる人の肩ごしにのぞく。

最後は二隻になる。煮つめるように網が狭められると、はねまわる魚の巨大な塊になった。それを大きな手網ですくっては船倉に投げこむ。

網を海に返すと、全速力で港の魚市場へ向う。私たちの船もそのあとを追う。

どういう手順になっているのか、岸壁に着いた魚は、すでに種分けされていて、イカの山やワタリガニの山が、たちまち三和土の上に盛りつけられる。

氷見の場合は板箱に入れず、ムキ出しなので、カニが隣の山へ移動したりしている。アナゴがニョロニョロと小アジの山へ向う。

しかし、委細かまわずセリがおこなわれ、つぎつぎと仲買人が手を上げ、屋号入りの紙片が置かれていく。

買手がつかないのもある。一山二〇〇円まで下げても売れないときは見捨てられるらしい。コハダの山が売れ残った。一〇〇匹はいると思われるのに三〇〇円でも売れないのである。当の魚にとっては関係のないことだが、売れ残りは、いっそう哀れに見える。これも売れ残った小さなフグたちが腹をふくらませている。

そんな間隙を縫って、「ハマチ買うてくれんか」と私たちに声をかけるおばさんもいる。一本五〇〇円だという。六本で一五〇〇円という山があったから、二倍の値である。しかし、このおばさんから買えば発泡スチロールの箱に入れ、氷も詰めてくれる。

私たちは、それを一本ずつ買ったが、帰りの高山線の中に置き忘れてきた。富山の駅の売店で買った地酒など飲んだのがいけなかったのだろう。哀れな魚たち。

三国港［京福電気鉄道三国芦原線］

門司港駅をあとにした私たちは、一二月八日（昭和五六年）、小倉発12時04分の新幹線で京都へ向った。京都から北陸への特急に乗り継ぎ、今夜は越前海岸の梅浦（うめうら）で泊る予定になっている。

東京から夜行で来て門司と下関を一瞥し、とって返してその日のうちに福井県へというスケジュールで、なんだか早回り競争のようだが、こういう乗りかた、性に合っているのか時刻表の読み過ぎか、とにかく身についてしまっている。

今回の日程をたてるにあたって、編集部の秋田さんは、

「門司や下関まで行ってフグを食べなくてもいいのですか」

と言ってくれた。

たしかに、せっかく九州まで来て、入口からすぐ引き返すのは惜しい気もする。けれども、用がすめば、つぎへつぎへと汽車に乗りたくなる。

「そのかわり、越前ガニを食べたい」

「ちょうど季節に入ったところですね」

「梅浦という海岸に、おいしいカニを食べさせる旅館があるって誰か書いてたけれど」

冬の瀬戸内海沿岸は、たいてい晴れている。「ひかり」は、穏やかな冬日の山陽道を東へ東へと走り、15時27分、京都に着いた。つぎに乗る特急「雷鳥23号」富山行の京都発は15時42分である。

北陸への特急は湖西線経由で、線名どおりに琵琶湖を西側から見せてくれる。はじめのうちは大津の街や競艇場などだが、琵琶湖大橋を過ぎると、湖岸のところどころに仕掛けられた魞（えり）が現れ、近江舞子の松林がつづく。対岸には近江富士や安土の山を前景に鈴鹿山脈が青黒くつらなっている。複線電化の幹線ながら湖西線は景色のよい線だ。

いつのまにか空が灰色に変った。日も翳った。窓に顔を寄せて行く手を見ると、立ちはだかる山々は白く、その上を陰鬱な雲が被っている。北陸の冬の雲である。

大らかだった琵琶湖の岸に山が迫り、北岸に近づくと急傾斜で湖に落ちて、列車はトンネルに突っこんだ。

北陸路に入ると、雲はますます厚く黒くなった。家々のつくりも重くるしく、田には稲の切株が寒々と並んでいる。ついさっきまでの山陽路の明るい陽光が、うそのように遠くなった。

17時09分、武生（たけふ）着。底冷えがし、駅前の広場が濡れている。

今夜の宿泊地梅浦は武生から車で四〇分ほどの距離にある。低い峠を一つ越え、二つめの峠にさしかかるころには、冬の日がすっかり落ちた。

まっ暗な日本海に面した宿で、さっそく夕食。越前ガニが三匹も運びこまれてくる。中ぐらいの大きさだが、一人一匹ずつとは豪勢ではないか。

ではいただきますとカニに一礼して、脚をもぎ、殻を割る。身の大半はかんたんに出てくるが、節の部分に少し残る。もったいないので、老眼鏡をかけて歯医者のように小さな穴をほじくる。一心不乱になる。話ははずまない。けれども、カニは談笑しながら食べてはうまくない、と私は思う。そして、ふと気づいて酒盃に手をのばす。通夜のようだが、それで満足だ。

黙々とカニと取り組んでいると、耳の感度もわるくなる。ときどき部屋の下の堤防に大波が当たって、ドンと鳴る。それは、さすがに聞こえる。

最初に食べ終わったのはカメラの山内さんで、のけぞって目を細めている。秋田さんが、

「幸福そうな顔してますね」

と言う。その秋田さんも、言うことなし、とい

った顔をしている。私もそうなのだろうが、さすがに疲れを覚える。あとは腹中のカニとともに眠るだけであった。

翌朝、部屋のカーテンを開けると、海上を冬雲が重なり合って被っている。すぐ目の前の岩礁の上にウミネコの群がたむろし、そのなかに一羽だけ鵜がいる。風が吹くと、ウミネコはいっせいに飛び立って、けたたましく鳴きながら舞うが、鵜は動かない。

小さな漁船が、波にもまれながら、つぎつぎに帰投してくる。舳先が波間に消えたかと思うと、こんどは何くそというように天を突いて、代りに艫が沈む。船上に人影が見えるが、何かにつかまっているわけではない。腕組したまま揺られている人もいた。

越前岬を回って福井へ向う。

きょう訪れる終着駅は、京福電気鉄道の三国港である。

「京福」とは京都と福井の意であるが、京都と福井を鉄道で結ぼうとしたのではなかった。

日本最初の電力事業は京都にはじまる。琵琶湖疎水の完成した翌年の明治二一年、株式会社京都電燈が創立され、蹴上発電所を建設した。ついで隣接する福井県にも九頭竜川の水を使っての発電所を建設した。そして、自社の電力を消費させるために、発電所のある京都と福井で、それぞれ独立した近郊電車線を敷いたのであった。現在、京都では叡山本線、鞍馬線、嵐山本線、北野線の計二五・四キロと比叡山へのケーブルカー、福井では越前本線（福井—勝山二七・八キロ）、永平寺線（東古市—永平寺六・二キロ）、三国芦原線（福井口—三国港二五・二キロ）の三線区が京都電燈の流れをくむ京福電鉄の路線である。

福井駅には一〇時すこし過ぎに着いた。私たちが乗る三国芦原線の線路名称上の起点は福井口であるが、電車はすべて福井から発車し、こんどの三国港行は10時20分となっている。

さっそく秋田さんが窓口へ行く。

「三国港まで三枚」

「三国ね」

「いや、三国港。終点の……」

「三国港まで行っても何もないですよ」

三国—三国港間は一・〇キロあり、地図を見ると、三国駅は細長い町の中心部にあるが三国港駅のほうは町の西はずれにある。何もないことはあるまいが、パッとしない駅らしい。

京福電鉄の乗り場は国鉄駅の裏口に接しており、跨線橋を渡ると、クリーム色にエンジの帯を巻いた電車が二両つながっていた。客は一五人ぐらいで、地元らしい人ばかりである。沿線には福井県の代表的温泉湯の芦原があり、三国からすこし足をのばせば観光地の東尋坊があるのだが、きょうは季節はずれの平日、一二月九日、水曜日だ。もっとも、シーズン中でも、バスを利用する客のほうが多いにちがいない。

発車して福井市街の東側から北側へと迂回し、九頭竜川を渡ると、田園になり、線路はまっすぐ北へ向う。沿線は福井県の米の半分を産する穀倉地帯で、ハンの木らしい稲架が並び、秋耕を終った田が冷雨に濡れて黒々と広がっている。

二分ごとぐらいに無人駅に停車する。一人降り、二人降り、ときに一人乗ったり乗らなかったりで、だんだん客が減り、ロングシートの座席が寥々となった。

しかし、芦原に近づくと、これまでの客とはちがった雰囲気の女性が続々と乗ってきた。芦原の温泉旅館に通勤する仲居さんたちらしく、多少色っぽい。

提灯と造花で飾られて、この駅だけ狂い咲きといった芦原湯町を過ぎると、そこから三つ目が三国で、終点かのように、ほとんどの客が降りてしまう。残ったのは私たちのほかに二人だけであった。

つぎは終着駅の三国港である。電車は丘陵と家並との間の狭い路盤の上を走り出す。左側の家並がせり上り、その下を切り通しですり抜けると、左窓に近く九頭竜川の河口、前方には日本海が現れて、電車は、これでオシマイというように停車した。古い木造の駅舎と片面ホームの終着駅であった。

三国は九頭竜川の河口に開けた港町で、現在は漁港であるが、古くは北前船の寄港地として栄えた北陸第一の商港であった。さらに遡れば、六世紀のはじめ、武烈天皇のあとの皇位を継承、というよりは奪ったらしい継体天皇を育てたのも三国である。生まれは近江だが母方の郷里の三国を足場に越前一帯に勢力を張り、ついに大和へ進出したと見る説が有力だという。とにかく歴史の古い港町である。

この三国へは二〇年以上まえ、たしか昭和三三年だったと思うが、来たことがある。狭い路地の両側に格子戸の遊廓がずらりと並んで、北前船の盛況を見る思いがしたのを覚えている。

あれが今日までそのまま残っているとは考えられないが、どうなっているのか、見たい。

あいにく雨が強くなった。私たちはタクシーを呼んで町の中に入って行った。

けれども、遊廓の面影を残す格子の家は、ところどころに一軒二軒とあるだけだった。古い家はほとんど残っておりませんがな、と言いながら、運転手は坂井佐助商店という問屋さんの前で車を停めた。格子戸の間口は狭いが奥行はその一〇倍以上もあろうかと思われるほど深い商家であった。

品のいいお婆さんに案内されて、暗い土間を伝い、つき当たりの板戸を開くと、パッと明りがさした。すぐ前が九頭竜川であった。

その裏口の漆喰の壁には「二斗五升　勘兵衛」といった走り書きが無数にある。川から荷を運びこんでいたところのメモらしい。現在は肥料だけを商っているが、昔は米や油も扱っておっての、とお婆さんが説明してくれる。

その走り書きだらけの漆喰壁が一線を境に下のほうがドス黒くなっている。洪水のとき、そこまで水につかったのだという。いつのことかは忘れたとお婆さんは言った。

辞しかけると、これを見なさいと言ってお婆さんが踏台を持ってきた。古いけれど変哲のない木の踏台である。なんだろうと思っていると、ヨイショとその上にあがり、天井の隅の梁に手を伸ばす。すると、格子張りの薄い板戸が音もなく降りてきた。蔀である。

「シャッターや。これを毎日上げ下ろしするのが私の仕事でな」

そう言って、もう八〇歳を越えたと思われる品のいいお婆さんは、得意そうに笑った。どうか踏台から落っこちませんようにと祈るばかりである。

井川［大井川鉄道井川線］

大井川鉄道に乗って寸又峡(すまたきょう)温泉で一泊、と決めたところで、

「寸又峡には、すごい吊橋があるそうですね」

と編集部の秋田さんが言った。

やれやれ、と思う。吊橋を渡るのは好きでない。

「夢の吊橋と言って、寸又峡に泊った人はみんな渡るらしいです」

それを渡らないと寸又峡へ行ったことにならないような吊橋らしい。

鉄道に乗って高い鉄橋を渡るのは大好きである。崖っぷちを走るのも楽しい。しかし、それは鉄道の場合に限られる。車で断崖を走れば手に汗を握る。飛行機も揺れるから嫌いだ。吊橋も揺れるのが好ましくない。

大井川鉄道に乗るのが目的である。ついでに温泉という欲を出したのがいけなかった。

「吊橋は苦手だ。渡りませんよ」

と私は言った。

「まあ、それは現地に行ったうえでのことにいたしましょう」

と秋田さんは、楽しみが一つできた、という顔をしている。

五月九日（昭和五八年）、月曜日。秋田さんと小田急、新幹線、そして静岡発10時56分の在来線の電車へと乗り継いで金谷へ向った。大井川鉄道の起点は金谷である。

駿河路は明るい。沿線は、なだらかな丘陵と茶畑で、眠気を誘うような明るさだ。通り過ぎる駅々にも五月晴れの陽光がいっぱいにさしている。

そのなかにあって、金谷は異色の駅だと言える。

島田を過ぎ、大井川の明るく広い河原を渡り終えると、左窓の太陽が牧ノ原台地に遮られ、日陰の金谷駅に入る。ホームの先端には古びたトンネルが口を開けている。山間の駅の風情で、陰影がある。旧東海道も金谷宿からは夜泣石と追い剝ぎで名高い小夜中（さよのなか）山（やま）越えにかかる。

その金谷駅の1番線に大井川鉄道の「SL列車」が停車している。運転日は金、土、日、月で、きょうは月曜日である。

蒸気機関車牽引による客車列車を定期的に運転している線としては、このほかに国鉄山口線と西武鉄道山口線とがあるが、いずれも蒸機列車ほんらいの使命も野性味も失っていて、動物園に囲われた熊を見る思いがする。西武のは遊園地の豆汽車のようなものだし、国鉄の「SL・やまぐち号」はお祭り列車だ。客車もブルートレイン級で自動ドアになっている。デッキにぶら下って蒸機の吐き出す煤煙を存分に浴びた世代にとってはなじめない。「SL列車に乗った」と若い人に言われても、「あれは別のものですよ」と水をさしたくなる。

それにくらべると大井川鉄道の「SL列車」は、いくらかマシだと思う。金谷駅の風情が蒸機に似合っているからでもあるが、連結された三両の客車が旧式きわまるものであるのがよい。動物園の熊に変りはないが、こちらは檻の中ではなく、放し飼いである。

機関車は国鉄から譲り受けたC11で、製造番号は227となっている。仲間のほとんどがスクラップにされたのに、こうして生き長らえているとは運のいい機関車だ。しかも、茶摘娘の絵と「かわね路号」の文字をあしらったヘッドマークを誇らしげに掛けている。大井川鉄道の沿線は、静岡茶のなかでも品質がよいとされる「川根茶」の産地である。

私たちは機関車のすぐうしろの車両に乗りこんだ。車内は中老年層の団体客で座席の半分が埋っていた。

11時35分、なつかしい汽笛が鳴り、

かすかに煤煙の香が漂って、「SL列車」は金谷を発車した。

この列車の運転区間は金谷―千頭(せんず)の三九・五キロで、千頭から終点井川までの二五・四キロは、森林軽便鉄道の面影を残す「ミニ列車」に乗り継ぐことになる。

発車すると、車掌の車内放送がはじまった。

「みなさま、お待たせいたしました。これから千頭へ向けて一時間二〇分、SL列車の旅がいよいよはじまりました。〽汽ー笛一声新橋をー、はや我汽車は離れたり……」

電車ともディーゼルカーともちがう、のんびりした足どりで四、五分走ると新金谷に停車する。駅に接して木造二階建ての大井川鉄道本社があり、留置線には「お座敷列車」が停っていた。これもお遊び列車であるが、おもしろいことに、青帯を巻いたのが一両、帯なしが二両、白帯の展望車一両という編成になっている。団体貸切り専用列車だからモノクラスで使用されるのだろうが、車両の構造や帯の色を見るかぎりでは、昔なつかしい「三等級制」である。

一等、二等、三等という明治いらいの三等級制が廃止され、一等と二等のみの二等級制になったのは昭和三五年七月からであり、さらに四四年五月から現在のグリーン車、普通車へと移ってきたのであるが、とにかく、「白帯の一等展望車」という大日本帝国時代の旧体制を偲ばせる車両をつくってみたり、国鉄から蒸気機関車が完全に姿を消した昭和五一年三月の、そのわずか四ヵ月後に「SL列車」の復活運転を開始したり、大井川鉄道は何かと愉快な会社である。もちろん、観光鉄道へと脱皮して生き残ろうとする経営努力ではあろうけれど。

車掌の独演はつづいている。

「みなさん、富士山は日本一の山であります。SL列車かわね路号にご乗車のみなさんも日本一のお客さまであります。〽あたまを雲の上に出し、四方の山を見下ろして、かみなりさまを下にきく、ふじは日本一の山……」

なつかしい小学唱歌が飛びだしたりして楽しいカラオケ車掌ではあるが、うるさくもある。

「大井川鉄道に乗るときは耳栓を用意したほうがよさそうですな」

「この調子で千頭まで歌いつづけるつもりでしょうか」

すると、不思議なことに、

「車掌の放送がうるさいようでございましたら、ご遠慮なくお申し越しください」

とあって、放送が中断し、車掌室から初老の車掌が姿を現した。手にはパンフレットや記念メダルなどを持っている。こんどは車内販売である。さすがに私鉄だ。

丘陵が「SL列車」を包むように左右から迫って、大井川の岸に出た。これから千頭、さらに終点の井川まで、ひたすら大井川を遡ることになる。

二日ほど前に低気圧が通過して山間部に大雨を降らしたからであろう、大井川の水量は豊かで褐色に濁り、流れも速い。

上流や中流にいくつものダムができて水量が減り、新幹線や在来線の鉄橋から眺めても、「越すに越されぬ大井川」の面影は偲べなくなったが、きょうはちがう。濁流が滔々と流れている。とても歩いて渡れる川ではない。中洲には根こそぎ押し流されてきた青竹が無残な姿を横たえている。

12時10分、川根町の中心家山（いえやま）に着く。

あたりは一面の茶畑で、ちょうど新茶の摘み取りの最中であった。もっとも、いまは茶摘みも機械化されていて、大型のバリカンのようなもので刈ってしまう。

家山を過ぎると大井川の蛇行がはげしくなる。川は蛇行するものだが、大井川のそれはとくにはなはだしく、S字型をつらねながら下っている。とくに「鵜山の七曲り」は有名で、新宿から渋谷へ行くのに山手線の外回りで池袋、上野、品川を迂回するような大蛇行が連続する。

ひたすら大井川に寄り添うはずの大井川鉄道としても、そこまではつき合いきれないので、ときにはトンネルに入り、あるいは対岸に渡って近道をする。千頭までの間にトンネルが一四ヵ所、大井川の本流を渡る鉄橋が四つあるが、昭和六年に開通した鉄道としては難工事の部類に入るものだったにちがいない。

そういうわけで、しばしばトンネルに入るのだが、なぜか煙が侵入してこない。窓を閉めきっていても、すこしは忍びこんでくるはずなのに、それがない。窓枠の隅を指先でこすってみても、鼻の穴にチリ紙を丸めて詰めこんでみても、いっこうに黒くならない。石炭滓が眼に飛びこむこともない。

私としては、蒸機列車の乗心地の悪さを若い秋田さんに思い知らせてやりたい気持があるのだが、これでは「ＳＬ列車」に乗った意味がないではないか。

業を煮やした私はトンネルの中で窓を全開した。上り勾配のトンネル内で窓を開けるなど、往時の常識では考えられないことである。

しかるに煙は入ってこない。かすかに香りが漂うだけで、ディーゼル列車のようだ。こんなことがあるのだろうか。

千頭着12時52分。不可解な「ＳＬ列車」の旅は終った。

いかなる燃料を使用しているのかと、私は機関車の運転室を覗いてみた。積んであるのは一口最中のような豆炭で、いくらか油を浸ませてあるらしかったが、石炭にはちがいない。運転士に訊ねてみると、ベトナム産の無煙炭を使っているとのことであった。沿線の民家への配慮からであろうが、不思議な石炭があるものだ。

千頭駅の構内は山間の駅にしては広い。木材搬出の中継基地として貨車がひしめいていた当時の名残であろう。

構内は野ざらしの鉄道博物館であった。私は車両についての知識がないし、説明板も立てられていないので、何が何だかわからないのだが、じつに可愛らしい豆汽車や木造の車両などが側線で日なたぼっこをしながら余生を送っている。

そのなかにあって異彩を放つのは小田急から譲り受けた五両編成の中古ＳＥ車であった。これは「ロマンスカー」の元祖だから私にもわかる。愛称板が「おおいがわ」になったほかは塗色も内装にも変化はない。この四月三〇日から土曜と日曜だけ「ロマンス急行」として運転されているそうだが、あまりに小田急時代そのままの姿なので、ＳＥ車が誤って大井川鉄道に乗り入れてしまったように見える。

このほかにも大井川鉄道では、国鉄をはじめ大手私鉄で廃車になった車両が現役として活躍しているが、自社のトーンに合わせて塗りかえたりせずに使っている。金谷から千頭までの間にいろいろな電車や列車とすれちがったが、外装もマチマチならば内部の座席の形や配列も千差万別で、なんだか、大井川鉄道というのは貸線路業の会社で、その上を国鉄や各社の車両が勝手に走っているような印象を受けた。

さて、いよいよ千頭から先が大井川鉄道のハイライトである。

千頭——井川間の軌間（ゲージ）は、これまでとおなじ１０６７ミリであるが、金谷方面からの直通運転はおこなわれていない。井川ダム建設資材運搬用として敷設された軽便鉄道なのでトンネルの断面が小さく、また鉄橋の荷重に耐える力も弱いからである。電化もされていない。

この区間を走るのは「自重8トン」の小型ディーゼル機関車によって牽引される可愛らしい客車列車で、「ミニ列車」と呼ばれている。速度も遅く、井川までの二五・四キロに一時間半を要する。

昼食をすませ、千頭駅に戻ってくると、すでに14時12分発の「ミニ列車」が二両編成で待機していた。

なるほど小さい。中に入ると天井が低くて、思わず腰をかがめる。前部の車両は木製のロングシートであったが、幅が狭いので、向い側の客の顔が妙に近くにある。もう一両はクロスシートで、片側は四人向い合わせだが、もう一方は一人ずつで向い合うようになっている。

遊園地の豆汽車に乗ったような気分だ。

けれども、これはお遊び列車ではない。沿線の人びとにとって、かけがえのない生活必需品なのである。

千頭—井川間、とくに寸又峡温泉口の奥泉(おくいずみ)以遠は、大井川が深い峡谷を刻んでいる。道路事情が悪く、乗用車がやっと通れる未舗装の道があるだけで、バスは通わない。この列車の客も、若干の観光客のほかは地元の小学生やおばさんばかりであった。

14時12分、「ミニ列車」は、ゴトリゴトリと走りだした。

列車は曲折する大井川の流れのまにまに右へ左へとカーブしながら、その西岸に張りつくようにして走る。急カーブが多い。速度は二〇キロ程度だが、ぐいと曲るので体が傾く。

約三〇分で奥泉に着き、寸又峡温泉への客が下車した。

奥泉を過ぎると、にわかに大井川の谷が深く険しくなってきた。蛇行する流れが対岸を攻めているときはよいが、反転してこちらに向ってくると、線路が崖っぷちギリギリに追いつめられ、水面が見えなくなる。それをくりかえしながら、「ミニ列車」は桟道のような短い鉄橋を渡り、トンネルを抜け、しだいに高みへと登って行く。川面が脚下に深く遠くなってきた。

速度は遅いが、遅さを感じさせない。

こんなところを歩かずに行けるだけでも有難いと思え、と言うかのように小さなディーゼル機関車は、くねくねと曲りながら悠々と、そして頼もしく進んでいる。

奥泉から三〇分で、河岸段丘と集落が現れ、川根長島に着いた。

険しい谷を見下ろしながら、杉や檜の暗い木立の間を抜けてきただけに、わずかな平地と集落、そして斜面につくられた茶畑が、ホッとするようなのどかさで眼に映る。これは桃源郷だ。ああ、いいですねえ、と秋田さんも声をあげた。

けれども、この集落もダム工事によって水没する運命だという。

川根長島を過ぎると、「接阻峡（せっそきょう）」にさしかかる。大井川の谷が、もっとも険しくなる区間である。乗客も二人連れのおばさんと私たちだけになった。

谷は、ますます深く切れこみ、両岸が絶壁をなしてきた。

まもなく「関ノ沢橋梁」を渡るはずである。支流の関ノ沢川に架けられた高さ一〇〇メートルの鉄橋で、国鉄高千穂橋梁の一〇五メートルに次ぐという。

私たちは固唾をのんで待機し、窓から首を出して奈落の底を見下ろした。汽車に乗っているから安全かつ否応なく渡ってしまうけれど、歩いてなら渡りたくない鉄橋であった。

対岸の崖の中腹に道が見えている。持参の二万五千分の一の地図によれば、谷底から一〇〇メートルくらいの高さを通っている。一〇〇メートルでも二〇メートルでも転落すれば、結果はおなじだろうが、やはり高いほうが見ごたえがある。あんなところに道をつけ、こんなところに鉄道を敷く人間を偉大だと思う。だが、私としては、あの道を車で走りたくない。しかも、ガードレールが破壊され、白い帯が谷底へ向って垂れ下っている箇所があるのは、どうしたことか。落石の仕業か、それとも車が落ちたのか。

終点井川着15時18分。

井川ダムのすぐ上に設けられた駅であるが、山に挟まれた狭く暗いところで、谷もダムもダム湖も見えない。井川の集落も遠く離れているので人家もない。斜面に建てられた駅舎と売店があるだけだ。

井川駅とはこんなところかと思いながら改札口を出ると、カメラの山内さんが階段の下で手を振っている。山内さんは、きのうから撮影をはじめているのだが、氏の傍らには千頭で借りたレンタカーがある。

とすると、あの道を通ってここまで来たにちがいない。

「どんな道でしたか?」

「相当な道です」

「幅が狭いのですか」

「落石がゴロゴロしています。うっかり乗り上げたら、たぶんおしまいです」

山内さんの運転する車で井川ダムを見てからダム湖畔の井川集落へ行く。

井川の人たちは林業とシイタケ栽培で生計を立てているのだが、「井川メンパ」という特産物がある。薄く削った杉板を曲げて輪っぱをつくり、底板をつけ、漆で仕上げた弁当箱である。つくっているのは海野さんという家一軒だけとのこと。その海野さんの仕事場を訪れ、山里らしい素朴な容器を一つ買った。

「これからどちらへ行かれます?」

と海野さんが訊ねる。

「寸又峡まで」

「あの道を車で行かれるのですか。そうですか。どうぞお気をつけて」

と海野さんは言った。

その道を山内さんは車で帰る。秋田さんも観念したように瞑目してから車に乗りこんだ。勇気のある人だ。

井川発16時43分。これが上りの終列車である。客は私一人であった。

川根長島で二人と落ち合い、その晩は寸又峡温泉に泊った。硫黄泉の湯は滑らかで、ツルツルしていた。夕食の膳には鹿肉の鍋、ワサビのひたし、自家栽培のソバなどが並んだ。

翌朝、問題の「夢の吊橋」へ行った。

私は見るだけのつもりだったが、二人は、すいすいと対岸へ渡り、笑いながら手招きしている。

しかし、私は頑として渡らない。年寄りをからかうのはよくない。

そのうちに山内さんがカメラを構えた。プロの真剣味がうかがえるような構えかたに見えた。秋田さんの顔からも笑いが消えて一所懸命に手招きしている。

私は意を決して足を踏み出した。一〇歩ばかりで足がすくんだ。けれども、これでは橋のたもとに立っているようにしか写らないだろう。

「あと五歩」と秋田さんが叫ぶ。五歩進めば、また「あと五歩」である。とうとう吊橋の中央まで誘(おび)き出された。

武豊[武豊線]

武豊(たけとよ)線は「老舗」である。

開業したのは明治一九年三月一日で、東海道線の全通（明治二二年七月）よりも古い。これほど早い時期に武豊線が建設されたのは、中山道経由で計画されていた幹線鉄道の建設資材を武豊港から名古屋、岐阜方面へ輸送するためであった。その後、幹線計画は中山道経由から東海道経由に変更されたが、かように武豊線の歴史は古い。

けれども、武豊線は歴史が古いだけで、あまり冴えない。東海道線が開通してしまえば、もう用はないというわけではないだろうが、名古屋近郊の路線であるにもかかわらず、今日まで非電化・単線のままで放置され、ローカル線の地位に甘んじている。

武豊線沿線での主要な町は、まず半田市、ついで武豊町であるが、この方面と名古屋を結ぶ鉄道としては名鉄(めいてつ)のほうが便利である。複線電化の路線を名鉄の赤い電車が頻繁に快速で運転されていて、座席もよく、運賃も安い。勝負は明らかで、乗客のシェアは一〇対一ぐらいだという。

その武豊線に、ひさしぶりに乗ってみようと思う。

一〇月五日（昭和五七年）、カメラの山内さんとともに東京発8時12分の新幹線で名古屋まで行き、10時25分発の東海道本線の快速電車で大府（おおぶ）へ向う。大府は武豊線の起点である。

私たちは名古屋から逆戻りする形で大府へと向っているのだが、この名古屋―大府間は「武豊線」として建設された区間であった。ところが、新橋から延びてきた東海道経由の幹線鉄道が大府で武豊線に食いつき、名古屋までの区間を奪ってしまった。

このことは地図を眺めてもわかる。

名古屋から南南東へ向ってきた東海道本線は大府で左へカーブし、東南東へと進路を変えているが、カーブせずにまっすぐ進めば武豊線に入る。武豊線のほうが「本線」のように見える。

とはいっても、これは落ちぶれた旧家の気位だけ高い爺さんが家系図を示しながら由緒を誇るような話ではある。

大府着10時42分。武豊線の運転間隔は、ほぼ一時間に一本の割であるが、こんどの武豊行は10時45分で、接続はよい。

東海道の快速電車から武豊線の列車に乗り移ると、雰囲気が一変する。転換式クロスシートでロマンス・カーのようだった新型の117系電車を降りて、跨線橋を渡れば旧型ディーゼルカーのキハ30系で、座席も殺風景なロングシートである。いちおう三両連結であったが、すでに通勤時間帯をすぎて車内は閑散としており、一両あたり数人の客がちらほらしていた。

客は大都市近郊風ではなく、かといってローカル線風でもなく、一種独特のものがある。ロングシートに吊革という通勤形の構造であるが、禁煙ではないので床に吸いがらが散っている。灰皿は備えられていなかった。

大府を発車して、電化複線の堂々たる東海道本線が左へと消えると、車窓もまた一変する。

名古屋から大府までは工場や住宅が建てこんでいたが、武豊線に入ると、たちまち田舎の香りがしてくる。野菜畑があり、雑木林があり、瓦屋根が多くなる。畑と丘との境にポツンと設けられた無人駅、旧い駅舎の有人駅、二人、三人と降りる客の足どりに急ぐ気配はなく、切符を回収する車掌や駅員の応対ものんびりしている。ディーゼルカーが唸りながらゆっくり走るためもあって、名古屋という大都市の近郊にいる感じがまったく

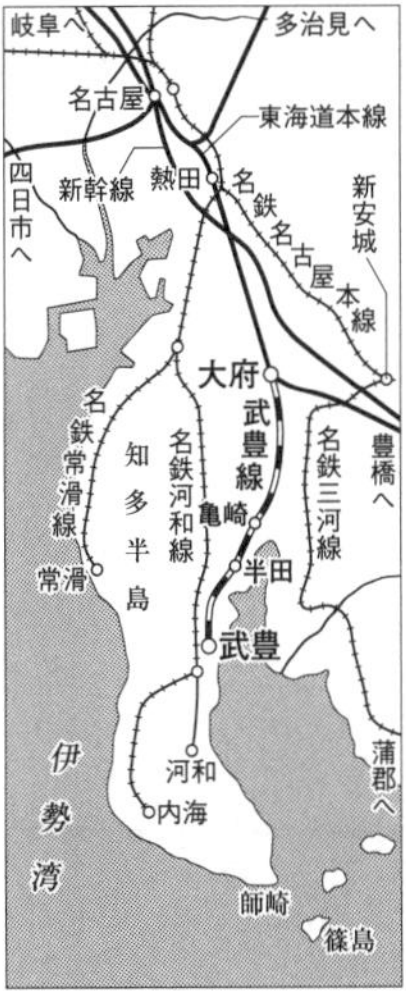

しない。

「なんだか急にローカル線みたいになりましたねえ」

と山内さんが、ひとりごとのように感想を洩らす。

けれども、カメラを構えれば手前に高圧線の鉄塔があり、畑の向うには工場がある。まるっきりのローカル線ではないのである。かつぎ屋のおばさんが乗るでもなく、景色も平凡、急にローカル線の風情に変ったといっても、それは東海道本線との対比においてであって、武豊線だけを切り離して眺めれば目立つところの少ない線だ。

私には歴史的な思い入れや判官びいきがあって、このシリーズに武豊線は欠かせないと信じているけれど、そんなものは写真にならないし、写すのは苦労だろうと同情した。

大府から五つ目に亀崎（かめざき）という駅がある。

明治一九年三月に開業した当時の武豊線の駅は、武豊港、半田、亀崎だけで、亀崎から熱田までは駅が設けられなかった。大府駅もなかった。

亀崎の木造駅舎は大きくて古い。開業当時のものではないが、蒸気機関車と貨物列車が似合いそうな風格のある「汽車駅」で、ディーゼルカー相手では役不足に見えた。

駅付近の家々も、ほとんどが重厚な黒い瓦屋根で、地酒の醸造元が数軒あるという。

この亀崎駅を利用する客は一日平均一八〇〇人、武豊線のなかではもっとも客が多い。

半田や武豊を凌いでいる理由は簡単で、名鉄は亀崎を通らない。

亀崎を過ぎて半田の市街地が近づくと、もう一度雰囲気が変る。新しいドライブインやスーパー・マーケットが現れてきて、名古屋近郊らしくなる。名鉄の勢力圏内に入ったのである。

半田の駅舎も大きい。しかし、駅舎側の1番ホームはレールが撤去されていた。

半田から終点の武豊にかけては名鉄の河和（こうわ）線と五〇〇メートルくらいの間隔で並行しているので、利用客が一段と少なくなるらしい。先頭車に乗っているのは私たちを含めて三人になった。

運転席のうしろに立って前方を眺めると、線路に草が生えている。左は埋立地で大きな工場がつづき、右は市街地や丘陵を拓いた住宅地で賑々しいのだが、武豊線の線路だけが鄙（ひな）びている。

その鄙びたさまは、終点の武豊が近づくと線路の両側に及んでくる。名鉄の走っているあたりには新しい建物が見えるのに、武豊線が分け入る市街地は黒ずんでいる。

レールが分岐して、貨車と木造の駅舎が現れ、11時19分、武豊に着く。

武豊は醸造業にはじまる港湾工業都市で、観光客は訪れそうにないが、ホームに「名所案内」が立っている。列挙されているのは、ほとんどが知多半島先端部の島や岬で、そのあたりへ行くのなら名鉄が便利だ。

武豊駅では助役の安藤嘉英さんの話をうかがった。昭和二七年に半田の駅手として採用されていらい武豊線で働いてきた人である。

ローカル線の終着駅へ着いて、駅長や助役の話を聞いても明るい話題に乏しい。武豊線の場合は「全線電化で名古屋直通」という明るい計画があるのだが、国鉄再建とのからみでストップしている。

「宅急便ができるまでは一日に一〇個から二〇個ぐらいの小荷物を扱っておったのですが、いまはさっぱりです。きょうは朝から、たったの一個です」

「貨物列車は一日一本です。ときどき運休しますが」

といううぐあいで、聞く側の姿勢も、だんだん前かがみになってきた。

武豊の駅前には昭和二八年九月の一三号台風で殉職した高橋熙駅手の半身像が建てられている。護岸堤防の決壊を発見し、発煙筒をたいて旅客列車の危機を救ったが、自分は濁流に呑まれて亡くなった人である。

その高橋駅手の半身像のうしろに立つと、線路が先へと延びて二本に分岐している。右へ分かれて行くのは日本油脂火薬の専用貨物線で、電化されている。

もう一本のまっすぐ先へ向うのを線路と呼んでよいかどうか。草ボウボウで引込線の跡のように見えるが、その先の細長い凹地は自然の地形ではない。明らかに丘を切り拓いて列車を走らせた「切通し」である。

雑草を足先でかき分けると、錆びた線路が現れる、朽ちた枕木がある。かき分けかき分けしてたどって行くと、切通しに入った。

そこから先は細長い水溜りとなっていて、長靴をはかないと進めない。私たちは、そこで断念したが、武豊港からの廃線跡を確かめたことに満足した。

亀崎まで戻って、丘の斜面に建てられた望洲楼（ぼうしゅうろう）で昼食。幾重にも楼を重ねた格式の高そうな古い旅館で、安政二年の創業だという。魚がうまいと聞いて、つい来てしまったが、座敷に坐ると、どうも私には上等すぎて落ちつかない。亀崎の駅舎の風格は安っぽいディーゼルカーに似つかわしくない、という意味のことを私は書いたが、それとおなじことなのだろう。

谷汲［名古屋鉄道谷汲線］

名古屋鉄道、通称「名鉄（めいてつ）」の路線総延長は五五二・二キロもあり、近鉄（五八六・七キロ）につぐ大手私鉄である。ちなみに、第三位は東武（四七三・五キロ）となっていて、以上の三社が飛びぬけて大きく、第四位の南海（一九一・七キロ）以下を引き離している（昭和五七年五月末現在）。

このくらいの超大手私鉄になると、幹線線区での大量輸送はもとより、ビスタカー、ロマンスカーなども走らせて大いに華やかなのであるが、その反面、歴史的諸事情から国鉄とおなじく、赤字ローカル線もかかえこんでいる。

これから乗る谷汲（たにぐみ）線も、そうした大手のなかのローカル線で、美濃の山ふところの淋しいところを走っている。

六月一日（昭和五七年）、東京発8時12分の新幹線で名古屋へ向う。同行はカメラの山内さんと編集部の秋田さんである。窓外は小雨で、雲が低く、箱根も富士も見えない。酒匂川も富士川も川面に霧が匍っていて、すでに梅雨に入ったかのようだ。

「そのうち、西のほうから天気が回復してくると思いますよ」

と私は希望的予報を発したが、静岡を過ぎ、豊橋を過ぎても天候は回復せず、定刻10時13分、小雨の名古屋に着いた。

駅の東側に接する名鉄の地下ホームに下りると、すぐ赤の電車が入ってくる。新岐阜行の「高速」である。あわただしく乗りこんで、ロマンスシート型の座席に坐ると、濃尾平野を北へ快走して木曾川を渡り、10時50分に新岐阜着。

いったん駅を出て、路面電車に乗りかえる。市内の街路を走るチンチン電車であるが、市営ではなく、名鉄の路線なので、これも赤に塗られている。この電車で町はずれの忠節まで行き、揖斐線、さらに谷汲線へと乗り継ぐのである。

おなじ名鉄の路線でも、幹線の名古屋本線とローカル線の揖斐線や谷汲線とはレールがつながっていないから、厄介だ。これは、戦時中に中小私鉄との合併を強制されたためで、このあたりの事情は国鉄に似ている。

中継ぎ役の路面電車で、岐阜の市街地を一五分ほど走ると、長良川を渡る。名鉄の営業地域には大きな川が集まっているので大変だ。橋の補修に手がか

かるだろうし、洪水地帯だから盛土も高くしなければならない。

橋の上から長良川を見下ろすと、雨で水かさを増したからであろうか、水面のほうが周囲の住宅地より高い位置にあるように見える。

揖斐線の起点駅忠節は、二階建てのスーパー・マーケットが併設されていて、立派な跨線橋がある。しかし、渡る人はいない。みんな平気で線路上を横切っている。だいぶローカル線らしくなってきた。

二両連結で入ってきた電車も大正生まれの古めかしいもので、前面が半円筒形になっている。当時はスピード感を象徴する斬新なデザインだったのだろうが、いまとなっては、まだこんな電車が走っているのかといった感じのものである。

しかし、名鉄の一員であるから赤に塗られ、座席も前向きに坐る「転換式クロスシート」になっている。もっとも、車両の幅が狭いので、片側は二人掛けだが、反対側は一人ずつで、数えてみると三〇座席しかない。田舎バスの気分がする。

11時38分に忠節を発車すると、すぐ市街地を抜け、尻毛(しっけ)、又丸(またまる)と妙な名前の駅を過ぎて田園が広がる。柿畑が目立つ。このあたりの特産、富有柿であろう。

北方町(きたかた)の中心駅、北方千歳町を過ぎた。車内が閑散となり、国鉄樽見線の上をまたぐ。樽見線は第一次廃線候補に挙げられた線である。

運転席から「よし！」という大きな声が幾度も聞こえてくる。何が「よし」かと、席を立って行ってみると、無人踏切の遮断機が下りていることを示す標識が現れるたびに、運転士が「よし」と喚呼しているのである。

それにしても、なんと窮屈な運転席であろうか。機器類に膝がつかえている。その狭い運転席に閉じこめられた実直そうな運転士は、前方を凝視し、「よし」を連呼する。柿畑や竹藪の間から、つぎつぎと小さな無人踏切が現れてくる。単線区間なので見通しはわるい。

揖斐川の支流の根尾川を渡り、11時59分、黒野着。谷汲線の分岐駅である。

向い側のホームに谷汲行の電車が一両で待機している。これまた一段と古びた電車で、名古屋付近を颯爽と走る名鉄とおなじ会社のものとも思われない。

谷汲線が名鉄に合併されたのは昭和一九年であるが、谷汲鉄道として黒野―谷汲間の一一・二キロが開通したのは大正一五年、つまり私と同い齢である。ホームに立って疲れた電車を眺めていると、のん気そうな顔をした年輩の運転士が窓から首を出して、

「どちらまで行かれますか」

と話しかけてきた。

黒野のつぎの黒野北口では、行商のおばさんが乗ってきた。若い兄さんが手伝って、段ボールの箱がつぎつぎと車内に運びこまれる。中味はくだものや雑貨類だが、五箱も

六箱もある。乗客が少ないので、荷物電車に便乗したようになった。

低く雲をたなびかせた山が前方に迫り、濃尾平野が尽きると、根尾川の谷に入る。山に挟まれても広い河原をゆったりと流れる、いい川である。

「あ、簗場（やなば）が見えますね」

と秋田さんが言う。対岸にそれらしきものがある。私は急に鮎を食べたくなったが、まだ解禁になっていない。

山間に入ってからは、めっきり人家が減ったが、駅だけは小まめに設けられている。二、三軒でも人家があれば駅をつくったらしい。赤石という駅はホームが墓地であった。境界の柵がないので、そう見えるのである。

つぎの長瀬で根尾川と別れると、ますます人家は少なくなった。というより、杉と竹の混成林のなかを走るので何も見えないのだ。

運転席のうしろに立って前方を眺めていると、うす暗い木立の下に駅のホームらしいものが見える。近づくと駅名標があり、「結城」と書いてある。しかし、電車は無視するように通過した。車掌に訊ねると、数人の高校生が乗るだけなので昼間は停車しないのだとのことであった。

まもなく、あたりが開けて、12時24分40秒、終着の谷汲に着いた。運転席の時刻表を盗み見たところでは27分10秒となっていたから、二分三〇秒もの早着である。時刻表の愛読者としては、すこし気になる。

谷汲まで乗ってきた客は、私たちのほかに数人であった。黒野北口で乗った行商のおばさんも谷汲であった。積みこまれた段ボールの箱は、ホームに迎えに来ていたおっさんが手押し車にのせた。

ホームに立って終着駅谷汲を眺める。電車の鼻先は行き止まりで、木造の大きな駅舎がある。そして、ホームには鉄骨の丸屋根がかけられている。二〇〇人ぐらいは雨やどりのできそうな屋根で、谷汲線としては異色の立派な駅だ。

こんなところに堂々とした駅が設けられたのは、谷汲山華厳寺の門前駅だからである。華厳寺は西国三十三ヵ所めぐりの最後の寺、つまり結願（けちがん）の寺で、「谷汲さん」と呼ばれて親しまれているという。

けれども、それほどの寺があるというのに、いまの電車から降りた客は、わずか数人にすぎない。折り返しの電車の発車時刻が迫っているのに、これも数人しか乗っていない。きょうは天気がわるいし、旅行シーズンでもないけれど、それにしても少なすぎる。やはり、バスに客をとられてしまったのだろうか。

それで、所在なさそうに立っている車掌に訊ねてみた。

「でも、きょうは多いほうですね」

「これでも多いのですか。きょうは一の日だからかな」

「いえいえ」

と言って車掌は苦笑した。そして、

「いまは名鉄の社員が乗る時期なんですよ」

と言う。ますますわからない話だが、事情はこうであった。

名鉄の社員の家族には月ごとに無料乗車券が配布される。月を越すと無効になるので、月末になると使う人が増える。ただし、通用期間は四日なので、月の末日に入鋏すれば翌月の三日まで使える。それで、月末から翌月のはじめにかけて名鉄社員の家族の谷汲さん詣でが増えるのだという。

ところで、空腹である。けさは早起きであった。鮎はまだだが、なにか土地のものを食べたい。

駅前の土産もの屋のおばさんに名物は？　と訊ねると、

「シイタケにコンニャクや」

とのこと。健康食品ばかりで、いかにも、ものたりない。

華厳寺の長い参道には、杉、檜の古木が亭々と聳え、それに雲とも霧ともつかぬ霞がかかって荘厳だった。頬に触れる嵐気も、ひんやりとして心地よかった。

参道の両側は土産もの店と食べもの屋で、そのほとんどが店を閉じていた。私たちは、開いていた一軒の店に入り、「しいたけ定食」を食べた。

伊勢奥津［名松線］

美濃の谷汲山から大垣、桑名を経由して松阪に着いたのは19時02分であった。

駅の近くの新しいビジネスホテルに荷物を置いた私たち三人は、さっそく中町の有名な牛肉屋へ行った。下足番のいる古い構えの大きな店で、仲居の気位高い講釈を拝聴しながら、網焼、塩焼、ステーキを一人前ずつ注文し、三分の一ずつ分け合って試食した。ナイフ、フォークを使わずに割箸で食べられる、やわらかい肉だったが、あまりに値段が高いのでノドに詰まりそうであった。

翌朝、雨雲が低い。雨はやんでいたが、ホテルの窓から見下ろす瓦の屋根々々が濡れて光り、道にも水溜りができている。

カメラの山内さんは、すでに7時28分発の一番列車で取材に出かけている。編集部の秋田さんと私とは、つぎの9時24分発に乗る予定になっている。名松線(めいしょう)は一日八往復で、ほぼ二時間に一本の割である。

街とおなじように秋田さんも濡れている。早起きして本居宣長の旧居や城跡をめぐっているうちに、俄か雨に遭ったのだそうだ。

これから乗る名松線は、その名が示すように松阪と伊賀の名張を結ぼうとして建設に着手された線である。そして、昭和一〇年に松阪から伊勢奥津までが開通したが、以後は戦争で工事は中止され、戦後も再開されないまま、今回、国鉄再建の犠牲として廃線候補の指定を受けるにいたっている。

松阪から終点の伊勢奥津までは四三・五キロあり、運賃は五七〇円である。しかし、私たちは松阪のつぎの上ノ庄まで一四〇円の切符を買った。あとは車内か伊勢奥津かで乗越し運賃を払うつもりであった。

なぜこんな買い方をするかというと、松阪で買った分は紀勢本線の収入になってしまい、名松線には一円も入らないと聞いていたからである。よくわからない話であるし、そうではなくて、実績に照らして線区別に比例配分するのだという説もあるのだが、いずれにせよ、乗越しにすれば四三〇円が名松線の収入になることはたしかであった。

名松線の列車が発着する1番線には「乗って残そ

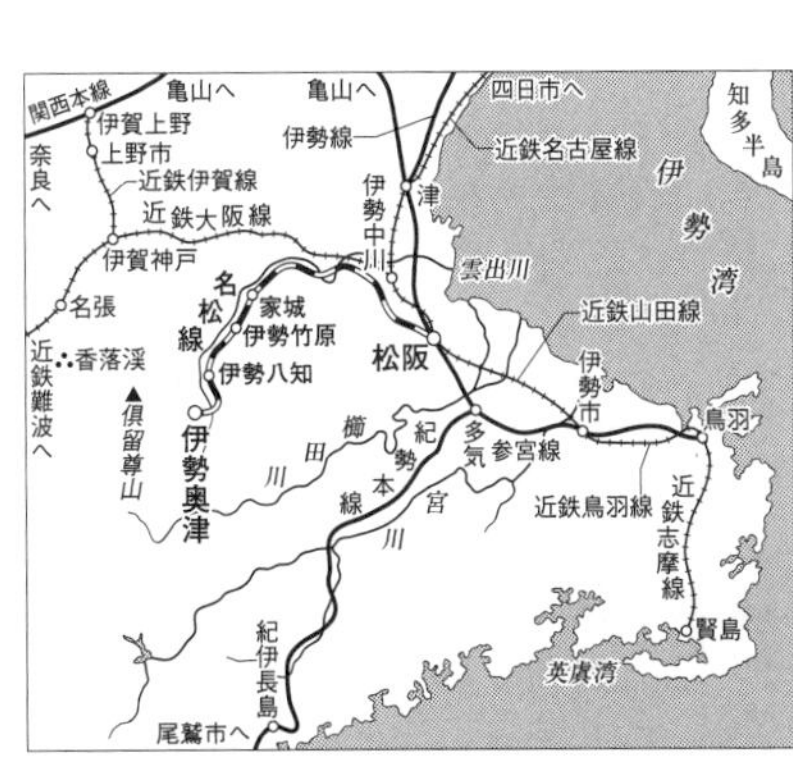

う名松線」と大書され、沿線町村の小学生の図画が一面に掲げられていた。

二両のディーゼルカーに一四、五人の客を乗せ、定刻9時24分に松阪を発車すると、しばらく雲出川（くもずがわ）の下流に開けた水田地帯を走る。美濃では田植がすんだばかりであったが、このあたりは苗が青々と伸びている。

右窓に近鉄の架線が見え、それが近づいたり離れたりする。約二〇キロにわたって、ほぼ並行しているのである。あちらは運転本数が多く、速度も速いので、ときどきオレンジ色の電車が颯爽と私たちを追い越していくのが遠望される。

近鉄とおなじようなところを走っているのだが、車窓の眺めはちがって見える。新しい住宅や商店は近鉄の近くに集まり、名松線では、さびれた無人駅だけが、ぽつりぽつりと現れるからであろう。

雑草の茂る無人駅には、「乗って残そう名松線」のほかに「車内で往復切符を買いましょう」の新しい看板が、かならず立てられている。

平野が尽き、雲出川に沿って山間に入る。ようやく近鉄が山の向うへと消える。あちらは布引山地を長いトンネルで抜けて大阪を目指し、こちらは谷の奥の伊勢奥津が終点である。

両岸の山は杉や檜が多い。そこに梅雨の雲が垂れこめて、山水画さながらだ。晴れたときに見ると、つまらない山だったりすることが多いのだが、きょうは、なかなか深味がある。六月の車窓ならではだ。

その杉や檜の山に挟まれて、わずかな水田があり、ところどころに集落がある。ときに築地塀で囲った堂々たる邸が見える。山林の持主の家だろうか。

名松線が走るのは三重県一志郡で、沿線の町村名を松阪側から列挙すると、嬉野町、一志町、白山町、美杉村の順になる。このうち、名松線の存続運動に熱心なのは谷の奥にあって近鉄とも無縁の白山町と美杉村だという。

その白山町の役場が関ノ宮という駅の手前にあり、「名松線廃止絶対反対」の大きな看板を出している。鉄パイプで組んだしっかりしたもので、二一世紀までもちそうである。

10時05分、家城に着く。家城は『古事記』にもその名が見える古い集落で、雲出川が大きく蛇行してつくった広い河岸段丘の上にある。高校や病院もあり、町役場とは一駅離れているが、ここが白山町の中心である。

乗客がめっきり少なくなって家城を発車すると、両岸が迫り、山肌の杉や檜が太さと濃さを増してきた。雲がかかっているので、なかなか幽邃である。木曾の奥へ分け入ったかのようだ。

名松線に乗るのは、これが二度目で、前回は七年前の九月、秋晴れの日だった。あのときときょうとでは、まるで水蒸気の量がちがい、まるで別の線のようではないか。きょうのほうが、ずっといい。この「終着駅へ」のシリーズに名松線を入れたものかどうか、たった一回だけの印象からは迷うところがあったのだが、来てみてよかったと思う。

伊勢竹原（いせたけはら）という駅がある。この駅のすぐ西に支流の八手俣川を堰止めた人造湖があり、「レークサイド君ヶ野」という小規模なレジャー施設がある。ここでは川魚のアマゴを放流し、無料で「つかみ捕り」をさせてくれる。ただし、帰りに名松線に乗って車内で切符を買うことが条件である。

アマゴがどんな魚なのか見ないとわからないが、このあたりの名産らしく、アマゴ養殖場、アマゴ料理の広告が目立ってきた。伊勢奥津に着いたら食べてみましょうと、秋田さんと意見が一致する。

美杉村の役場のある伊勢八知（いせやち）を発車すると、線路の右手に木材市場が見えた。すでに競りは終ったのか、区分けされた丸太の山が整然と並んでいるだけで、人影はない。

谷がますます狭まった。勾配も急になり、私たちを含めて七、八人の客を乗せた二両のディーゼルカーは、エンジンを唸らせながら、屈曲する川の流れのままに右へ左へとカーブしながら上っていく。終着駅の近いことを思わせる走りかたである。

その谷がやや開け、前方が明るくなると、線路も平らになって、ディーゼルカーは、やれやれというかのように終着駅伊勢奥津に着いた。「標高二六九・六メートル」の木柱がホームに立っている。

構内は線路が三本に分かれ、ホームも片面と両面との二面がある。あらたまって呼べば、1番線から3番線までとなるが、そのうち二本は錆びていた。

小さな木造の駅舎があり、改札口にカメラの山内さんと年配の駅員が立っていた。改札口で乗越し運賃を払う。応対する駅員の感じのよいこと。私たちは、松岡さんというその駅員と、しばらく話をした。その話のなかで松岡さんは、「名松線利用助成金交付申請書」を見せてくれた。乗車月日、乗車区間、住所氏名を記入して駅のハンコをもらい、美杉村の村長宛に提出すると、運賃の半額が村から支給されるのである。

伊勢奥津は山間のささやかな終着駅ではあるが、さすが「名松線」だけあって、駅前から名張行のバスが出ているのが嬉しい。「時刻表」には載っていないが、一日六本ある。片道だけで名松線と別れるのは申しわけない気もするが、アマゴを食べたあとは、せめて、このバスに乗って首尾を完結させようと思う。

駅前には、小ざっぱりした喫茶店とタクシーの営業所があった。小規模ながら、いちおう道具立ての揃った駅ではある。

「名松線がなくなったら、もう客はありません。私も廃業ですわ」

というタクシーの運転手に案内されて雲出川の小さな支流を遡る。

アマゴの養殖場が点々とある。養殖と料理を兼ねているのが多い。その一つに車が停った。川の水を引いて生け簀がつくられ、マスとアマゴが区分けされている。アマゴとマスはよく似ていて、私には見分けがつかない。

まずマスの刺身が出る。ついでアマゴの塩焼、バタ焼、ミソ焼。小さな魚だから六匹ぐらい食べたが、味はヤマメに似ていた。

刺身に添えられたワサビは本ワサビであった。しかも、東京あたりのとちがって、淡白のような気がした。

それを主人に言うと、

「すこし持って行きなされ」

と長靴をはいて外へ出て行った。見ると、水辺に天然のワサビが自生しているではないか。私たちは長い茎のついた可愛らしいワサビを三本ずつもらって帰ってきた。

片町［片町線］

大阪の土佐堀通を天満橋から東へ向うと、右側に並ぶビルや商店の間から大阪城の天守閣が見え隠れし、まもなくモルタルの二階建てに突き当たる。間口一五メートルぐらいの質素な建物である。

もし、通りの正面に現れなかったなら、気づかずに通り過ぎてしまうかもしれない。けれども、ここまでまっすぐ東へ向ってきた土佐堀通は、この建物に敬意を表するかのように右に折れ、その前を過ぎるとすぐ左に曲って、また東へ向っている。

私はこの建物、つまり片町（かたまち）駅のほうが土佐堀通よりエライと思っているから、道路が敬意を表して迂回したかのように感じてしまうが、トラックやタクシーの運転手は、そうではないだろう。なんでこないなボロ建物が道のまん中に頑張っとるんで、とっ払ったらよろしゅうおまっしゃろ、とでも思っているにちがいない。事実、片町駅の迂回のために付近の道路は渋滞している。

片町の駅舎は昭和九年に改築されたものであるが、駅の歴史は古く、明治二八年四月にさかのぼる。私鉄の浪速鉄道がここにターミナルを設け、片町—四条畷間の営業を開始したのである。

その二年後の明治三〇年には、おなじく私鉄の関西鉄道に譲渡され、関西鉄道の手によって四条畷から長尾へ、さらに木津まで延長された。こうして今日の片町線の路線が形成されたが、明治四〇年に国鉄に買収され、関西本線の支線として現在に至っている。

ところで片町は、大都会大阪市の中心部に近い場所にあるターミナルなので、ここが起点かと思うと、そうではない。片町線の起点は生駒山地の向う側にある木津であり、片町は終点にされている。木津は関西本線との接続駅であるが、関西本線も起点は名古屋で、大阪市の中枢部にターミナルを構える湊町は終点となっている。

すべて東京を中心にして決めたことなので、こうなってしまうのだが、大阪の鉄道ファンはおもしろくないにちがいない。とりわけ奇妙なのは紀勢本線で、天王寺から白浜、新宮方面へ向う列車が「上り」となっていて、戸惑いをおぼえる。

起点か終点か、下りか上りかなど、どうでもよいことであるけれど、片町が終点であれば木津から乗らねばならない。

その場合、片町から木津へ行って戻ってくるのが、いちばん簡単な方法だが、おなじ線を往復するのでは芸がない。やはり、木津までは別のルートにしたい。

七月三一日（昭和五七年）、土曜日、私は大阪発11時35分の奈良行快速電車に乗った。この電車は大阪環状線の西側を回って天王寺から関西本線に入り、奈良には12時24分に着く。奈良から木津を経て片町へ戻ってこようというわけであった。

このルートによると、大阪から片町までは一〇〇・九キロとなり、これに相当する運賃は一五〇〇円である。

しかし、私は自動券売機で一四〇円の切符を買った。これで片町まで正当な客として乗れるのだ。

一四〇円というのは、大阪から片町へ行く場合の最短距離に相当する運賃で、大阪―京橋―片町であれば、わずか七・〇キロにすぎない。

国鉄には「選択乗車」という制度がある。A駅からB駅へ行くのに二つのルートがある場合、

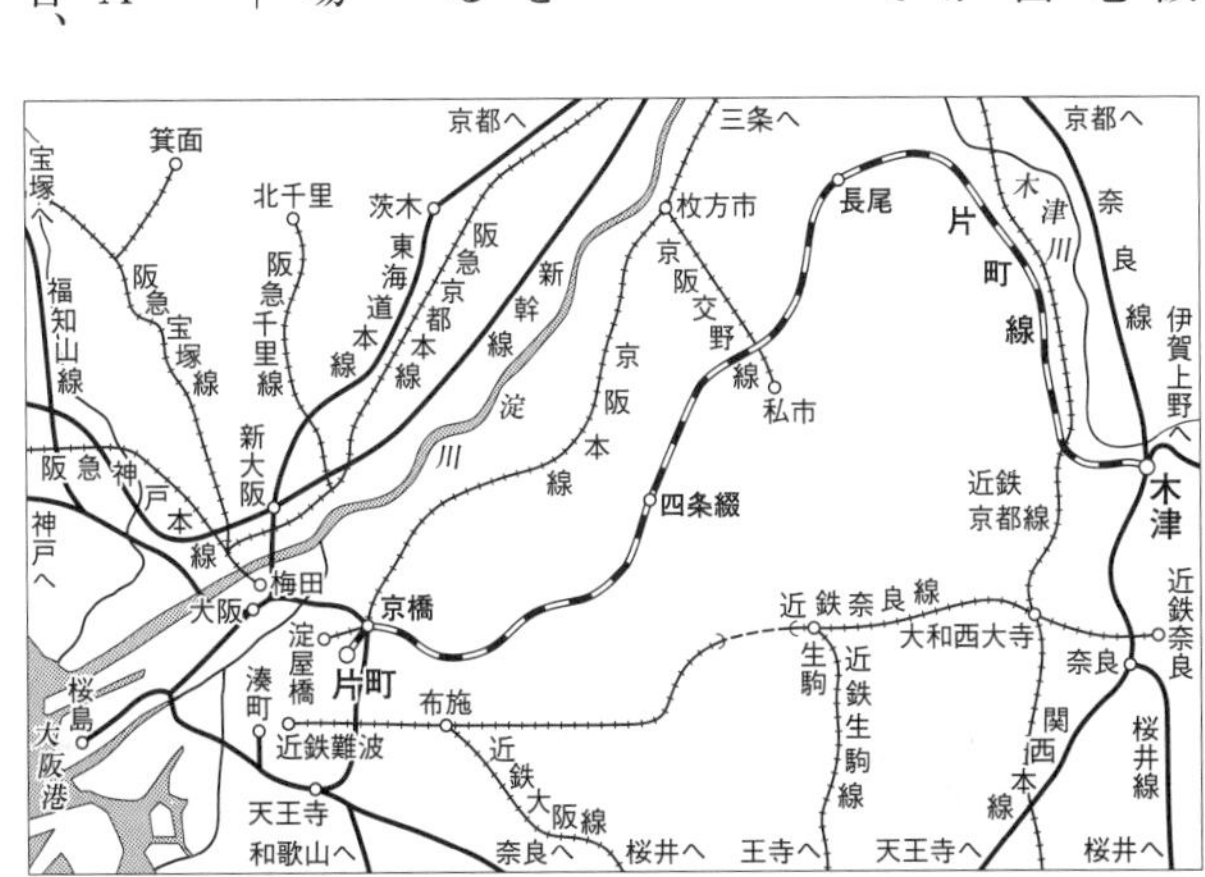

途中下車をしなければ遠いほうのルートを通っても運賃は短いほうのルートのキロ数で計算されるという制度である。

東京から仙台への切符を買おうとする客に東北本線経由（三五一・八キロ）か常磐線回り（三六六・五キロ）かと訊ねるのではお互いにわずらわしいし、大阪から天王寺へ行くのに環状線の外回り（一〇・七キロ）と内回り（一一・〇キロ）とを区別していたのでは運賃の表示が複雑になる。好んで遠回りする客は少ないだろうし、国鉄側にとっても省力化という事情があり、こういう制度が設けられているわけである。

ところが、大都市近郊のように線路が複雑にからみあっているところでは、この二者択一のルートがいくつもに組み合わさった結果、「選択乗車」できる区域がクモの巣状に広がって広範囲に及んでいる。時刻表の巻末には、東京、大阪、福岡における選択乗車の範囲が図示されているが、これによれば東京近郊のごときは土浦、小山、大月、平塚、久里浜にまで広がっている。

いささか省力化の行き過ぎの観があるが、こうなってくると、東京駅から隣の有楽町までの一二〇円切符で成田から大宮、八王子、茅ヶ崎を回ることも途中下車をしなければ可能になるわけで、うまくやれば一二〇円で四五六キロもの「大旅行」ができるそうだ。現在の運賃で五六〇〇円にも相当する距離である。

これは線路図と時刻表を眺めての机上の遊びとしては優れている。しかし、できるとなると、それを実行する鉄道ファンが現れる。新聞社などがおもしろがって記事にする。合法的ではあっても実質的にはタダ乗りではないか、机上の遊びの範囲にとどめるべきだ――、そう私は思っていた。

だから窓口へ行って、奈良回りの片町行という、たぶん窓口氏が面倒くさがりそうな手書きの切符をつくってもらって乗った、というのなら話がすっきりするけれど、私はタダ乗り同然の一四〇円の切符を自動券売機で買った。相手が、どうぞと言っているのに、なにも遠慮しなくてもいいだろう、据膳食わぬは男の恥というではないかと、つごうのよい言葉が念頭をかすめた。

はたして、乗ってからの気分は、あまりよくなかった。近郊区間だから車内での検札はなさそうだし、かりに検札があっても、あくまでも合法である。そう考えて、検札なんかいつでも来いと、毅然と乗っているつもりなのだが、車掌は、いい齢をして鉄道マニアなのかと苦々しく肯くだろうし、こちらは、エヘへなどと曖昧な含み声を発しそうであった。

奈良着12時24分。跨線橋を渡って5番線に下りると、12時30分発の片町線のディーゼルカーが二両連結で待っていた。片町線は奈良の一駅先の木津が起点であるが、三本に一本ぐらいの割で奈良始発の列車が運転されている。

接続はよく、奈良始発であるのもよいが、この列車は片町行ではなくて、長尾行である。片町線四五・四キロのうち木津から長尾までの一八・七キロは電化されていないので、長尾でディーゼルカーから国電に乗りかえねばならないのだ。しかも、長尾までは単線で、国電区間に入ると複線になる。片町線とは国電区間とローカル線をつないだような線区なのである。

長尾行のディーゼルカーはガラ空きであった。

一人でポツンと坐っていると、車掌が私の横で立ち止まった。やれやれ検札かと思ったが、

「扇風機まわしてもかまへんか？」

と訊ねる。これはローカル線だ。

右窓後方に若草山や大仏殿を望み、丘陵地帯を過ぎると木津に着く。

木津からは四〇人ぐらいの客が乗り、私の前には老夫婦が坐った。爺さんは杖をつき、婆さんは薬袋を持っている。爺さんを木津の病院へ連れて行っての帰りであろうか。婆さんが手提袋からアンコロ餅を取り出して爺さんにすすめる。爺さんは食欲がないという風に手を振り、婆さんが食べる。

木津を発車すると、名古屋へ向う関西本線と京都へ向う奈良線とが右へ分かれ、代って近鉄の京都線が近づき、一〇キロほど並行して走る。あちらは複線電化で、普通電車

が苦もなくわがディーゼルカーを追い抜き、窓ごしに子どもたちが手を振っている。奈良と京都を結ぶ近鉄京都線が北へ向うのは当然だが、西の大阪を目指すべき片町線がいっしょになって北へ走っているのは、西側に生駒山地があって、まっすぐ西へ進めないからであろう。

このように遠回りであるうえに、長尾での乗りかえの不便もあってか、距離的には大阪に近いのに宅地化は進んでいない。あたりは畑と竹藪が交錯する田舎の風景で、駅のつくりも古び、ローカル線の風情である。

西につづいていた生駒山地が、ようやく低くなった。片町線は近鉄と別れて左にカーブし、短いトンネルを二つ抜ける。

右窓に大阪平野が開け、架線が現れて長尾に着く。真新しいコンクリートの駅舎と屋根のある立派なホーム。ローカル線としての片町線の旅は、ここで終りになる。

長尾から六両編成の国電に乗りかえると、気分がまったく変る。新興住宅と団地が建ち並び、複線化と同時に改築された新しい駅々からは大阪へ遊びに出かけるらしい若い人たちが乗りこんできて、車内がいっぱいになった。飽き飽きするような国電風景である。

けれども、大阪環状線との交差駅京橋に着くと、片町線はもう一度変身する。

京橋では、ここが終着駅であるかのごとく客が降りてしまい、最後部の車両に残ったのは私のほかに一人だけとなった。

車庫に向う回送車のように閑散となった電車は京橋を発車した。つぎは本当の終着駅片町である。

駅間距離は、わずか〇・五キロ。走り出したと思うと、すぐ停車した。

長いホームの向うにモルタルの駅舎がある。ホームの途中には跨線橋の階段もなければ地下道の入口もない。それでホームがいっそう長く見えるのであろう。

ホームの末端から、ゆっくりと歩いてくる私を待つ気がしないのか、改札口にいた駅員が、もの憂げに消え、私のポケットには一四〇円の切符が残った。

海部［牟岐線］

徳島県海部郡日和佐町の大浜海岸は、ウミガメの産卵地である。

五月下旬から八月中旬にかけての波の静かな夜、体長一メートル以上、体重一〇〇キロ以上という大きなアカウミガメが、暗い波間から姿を現し、砂浜に穴を掘り、卵を生む。

穴を掘るまでは神経質で、見物客が集まってきたりすれば、たちまち海へ引き返してしまう。けれども、卵を生みはじめれば、甲羅を叩かれようが、カメラのフラッシュを浴びようが、身動きもせず、眼から涙を流しながら一〇〇個ないし一五〇個もの卵を生みつづけるという。

それを見たいと、かねてから思っていた。

さいわい、日和佐へは徳島から国鉄の牟岐線が通じている。終着駅は、その先の海部だが、とにかく日和佐を通る。

七月四日（昭和五八年）の月曜日、東京発8時24分の新幹線で日和佐へ向った。

カメラの山内さんは、前日の飛行機で徳島へ直行し、すでに日和佐で一泊している。

いまはウミガメ産卵の最盛期であるが、日和佐に一泊しただけでカメに出会えるのは運がいいほうで、二泊の覚悟は必要とのことである。カメが姿を現さない日が、しばしばあるのだ。それで、山内さんは三泊、私は二泊する予定をたてていた。

岡山で宇野線に乗りかえ、宇野から連絡船で高松へ渡る。

宇高連絡船は何回乗っても楽しい。一時間という所要時間も手頃だし、なにより眺めがよい。東京から徳島県へ行くのに岡山、高松経由でグルリと遠回りするのは当世風ではないのだろうが、宇高連絡船には、それを補う魅力がある。

行き交う船と島々を眺めながら14時54分、高松港に着岸。

岸壁からホームの階段を下りると、四国各線のディーゼルカーが、ずらりと並び、駅舎寄りには大きな立食いソバの店があって、讃岐うどんの湯気と香りが漂っている。

これから乗る徳島経由牟岐行の急行「むろと3号」は、その湯気と香りに近い0番線から15時04分に発車する。三両編成の車内は乗車率がよく、座席の半分が埋っていた。

松の丘陵とタバコ畑、ブドウ園、溜池などが目まぐるしく入り混じる讃岐路を東へ一時間ほど走ると、南から讃岐山脈の末端が迫り、ディーゼルカーは短いトンネルをつぎつぎに抜けながら阿波への峠越えにかかる。

この峠越えは一〇分程度の短いものだが、播磨灘が眼下に広がったかと思うと、鬱蒼たる赤松の山中に入り、突然前方に徳島平野が開けて吉野川が逆光に光る、というぐあいに変化に富んでいる。

長い鉄橋で四国三郎こと吉野川を渡り、徳島着16時36分。ここまでが高徳本線で、これから先が牟岐線である。

徳島では大半の客が下車し、おなじくらいの数の客が乗ってきた。線名とともに客も変るようだ。思いなしか陽焼けした顔が多く、交わす会話の声も大きくなった。

牟岐線は徳島から四国の東海岸に沿って南下する七九・三キロのローカル線であるが、車窓からは海がほとんど見えない。四国山地から紀伊山地へとつづく「中央構造線」を横断する、つまり東西に山脈や岬が並んでいるところを南北に走るため、海岸に出にくいのである。

そのかわり、東西に流れる川を何本も渡る。いずれも剣山の奥深くから流れ出てくるので、川幅が広く、水量も豊かだ。しばしば洪水に悩まされたからであろう、高く積んだ石垣の上に建

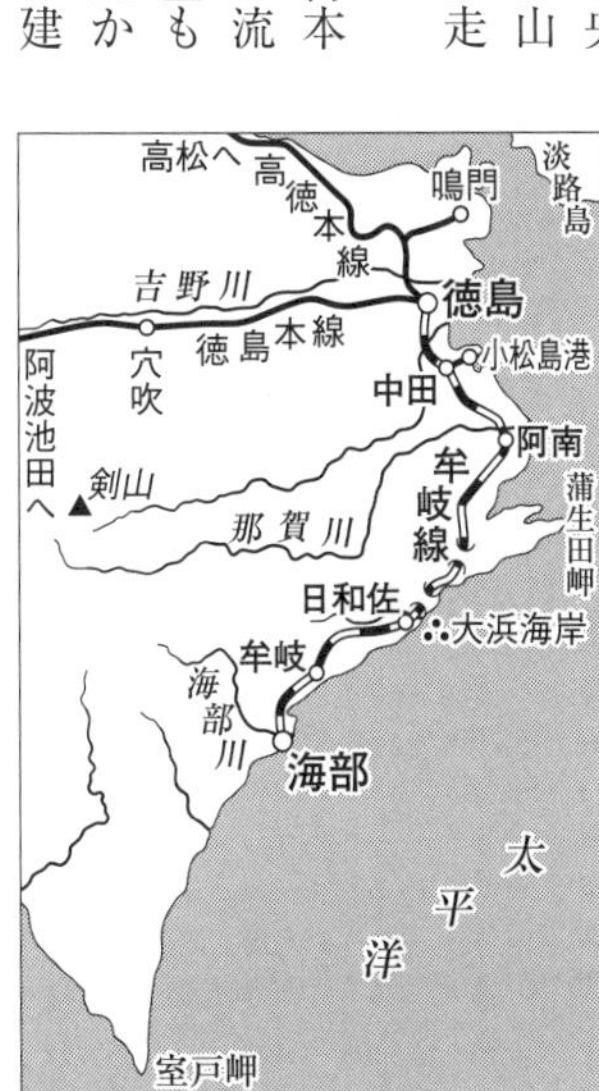

てられた家が多い。木曾川や長良川下流とおなじ「輪中」かと思われる。

鉄橋を渡るまえ、あるいは渡った直後に駅があり、赤松と竹藪の山中を登ってトンネルを抜けると下りになって、また川を渡る。それをくりかえすうちに、タブの木が目立ってきた。ツバキのような葉を密度濃くつけた木で、それが山肌をベッタリと被うようになった。

17時50分発の由岐(ゆき)を過ぎると、ほんのわずかだが海辺を走る箇所がある。白砂の惚れぼれするような、きれいな海岸で、「田井の浜」という海水浴用の臨時乗降場が設けられている。

が、それも束の間で、また山中に入り、上り下りが二度あって、18時00分、日和佐に着いた。牟岐線の終点は、ここから二六・〇キロ先の海部であるが、きょうは日和佐で下車する。


きのうから日和佐に来ている山内さんに、ウミガメのようすを訊ねる。

「このところ、毎晩一頭ずつ上っているそうです。きょうも現れる確率は八〇パーセントと掲示してあります」

「それはよかった。じゃあ、写真はきのうの晩に写せたわけですね」

「いえ、それがですね、ウミガメが上っているという連絡があって、すぐ飛んで行ったのですが、すでに卵を生み終って後足で砂をかけているところでした」

「二時間もかかって卵を生みつづける、と聞いていたけれど」

「いや、海から上って引揚げるまでが二時間かかるということで、卵を生む時間は短いらしいのです」

　私たちの宿は町営の国民宿舎「うみがめ荘」で、海岸に建てられており、交通至便なのだが、それでも産卵を見損なうとなると、おちおちしてはいられない。

　夕食の膳は「海賊料理」を特注したので、天然のホタテ貝をはじめ、特産の突起のない妙なサザエや大アサリなど、新鮮な海の幸が盛られたが、私たちは気もそぞろに食事をすますと、浜に出て待機した。

　梅雨の厚い雲が月を隠し、真っ暗な海である。暗いのは、あたりの人家や商店の窓にカーテンが引かれ、あるいは消灯されるからでもある。ウミガメは明りをきらい、とくに産卵期は神経質になるのだそうだ。海岸道路への車の進入も夜間は禁止されている。戦時中の灯火管制を思い出す。

　海岸に沿って防波堤があり、出入口が四ヵ所設けられているが、これも夕方の六時には鉄扉が閉ざされる。この鉄扉が開かれるのは、ウミガメが卵を生み落としはじめ、見物客が押しかけても大丈夫となってからである。それまでは監視員だけが交互に浜辺を巡回する。

ウミガメが上陸するのは夜八時ごろから未明にかけてであるが、最近は八時から一〇時の間が多いという。

集まってきた十数人の見物客と鉄扉にもたれて待機するうちに九時を過ぎた。

浜を一巡した監視員が戻ってきて、いない、と言う。つぎの監視員が出て行く。

なま温く、湿度の高い風が吹いている。

「カメさんは、こんな陽気の晩が好きなんだがなあ」

と、傍らで暗い浜辺を眺めていた監視員の一人の野口高一さんがつぶやく。野口さんは日和佐の漁師で、戦時中は海軍。四回も撃沈された経験の持主である。子どものころは、昼間でもウミガメが上陸してきたそうで、

「遊び相手は、もっぱらカメでしたな。カメの背中につかまっていれば竜宮城へ行けるのかと、やってみたこともありますよ。浜ではノソノソしてるんですが、海に入ると、すごいスピードで、ぐいぐい潜っていくんですな。息が苦しくなって手を離して海面に顔を出したら、えらく沖に出ていましたよ。あのときばかりは溺れそうになったですわ」

と、そんな話をしてくれた。

一〇時を過ぎ、一一時になっても、その晩は一頭も現れなかった。カメが相手では文句の言いようもないし、あいにく産気づいたカメがいなかったのだろう。

翌七月五日。朝から激しく雨が降っている。

テレビの天気予報は、梅雨前線が北上して活潑化し、きょう一日は雨だと告げている。しかも徳島県には「大雨、強風、波浪、雷雨」と注意報が全部そろっている。これでは今晩のウミガメ上陸は絶望だろう。

意気消沈のうちに朝食をすませ、部屋に戻って雨足を眺める。

きょうは牟岐線の終点の海部まで行く予定であるが、こんどの海部行は12時08分までない。

天気がよければ、二〇〇メートルもの断崖がつづくという「千羽海崖(せんばかいがい)」を遊覧船で見物し、そのあと海部へ行こうと考えていたのだが、もちろん欠航である。

しかし、日和佐にはウミガメと千羽海崖のほかにも見るところがある。さいわい、山内さんが徳島からレンタカーを持ってきている。

日和佐の背後の山肌に張りつくようにして四国霊場二三番札所薬王寺の伽藍がある。石段は三つに分けられ、女厄坂三三段、男厄坂四二段、男女厄坂六一段となっている。

この厄年に因んだ石段に一円玉を一つずつ置きながら登ると、ご利益があり、参詣客が絶えないという。昔は、弘法大師をはじめ、頭がよくて商売の上手な人が坊さんになったのだなと思う。

雨が小止みになるのを待って薬王寺に詣で、つぎに日和佐川の対岸の城跡へ上った。城跡の復原天守閣は内部が観光館になっていて、ボタンを押すとウミガメ産卵のビデオが映し出された。高みから見下ろす雨の日和佐は、黒い瓦屋根に被われた落着いた城下町であり、門前町であり、港町であった。

日和佐発12時08分の列車で海部へ向う。

発車すると、たちまち山間に入る。あとは、きのうとおなじような上り下りである。二〇分ほどで牟岐に着く。牟岐は、ながいあいだ牟岐線の終点だった駅で、ここまで開通したのは昭和一七年七月であった。そう思って見るためか、木造の駅舎や側線に「終着駅」の風格が漂っている。

牟岐から先は昭和四八年一〇月の開通で、様相が一変する。これまでは自然地形のままに右へ左へとカーブしながら上り下りし、トンネル掘削は最小限にとどめられていたのに、牟岐からはトンネルが連続し、上り下りもなく、スイスイと走ってしまう。山陽新幹線のようだ。

海部川を長い鉄橋で斜めに渡るという、ぜいたくな工法を見せて、12時53分、海部着。高架駅で、牟岐までの木造の駅々とはちがい、全身これコンクリートである。高架の下には飲食店などが入っていた。

海部は牟岐線の終点であるが、高架橋も線路もまっすぐ南へ延びてトンネルへと消えているので、途中駅のように見える。ただし、レールは錆びている。これが室戸岬を回って高知へ通じるはずだった「阿佐線」で、六・二キロ先の宍喰まで路盤工事が完成し、レールも敷かれているという。

国道55号線で先回りしてきた山内さんの車に便乗し、その宍喰まで行ってみた。工事なかばで中止された高架駅が、田んぼのなかにそそりたっていた。

一日じゅう雨との天気予報だったが、昼過ぎから回復に向った。夕方になると、雲が切れた。

午後八時、海岸の鉄扉の前で待機。山内さんは三日目、私は二日目で、監視員の人たちとも顔なじみになった。

午後八時三五分、砂浜から監視員が戻ってきた。あたりは暗いが、吉報を携えて戻ったらしいことはシルエットでもわかる。

「いま穴を掘りはじめました。あと二〇分ぐらい待ってください」

海から上って産卵に適した場所を探し、穴を掘り終るまでが四〇分、産卵に四〇分、穴に砂をかけ、海に帰るまでが四〇分だという。最後の四〇分は長すぎるようだが、疲れ果てて動作が緩慢になるからだそうだ。

らいになった。

待つうちに、連絡を受けた見物客が集まってきた。テレビの取材班もいる。二〇人ぐらいになった。

三〇分待って九時〇五分、監視員の懐中電灯が闇の砂浜で輪を描いた。波打際から三〇メートルぐらいのところである。

鉄扉が開かれた。歩きにくい砂地。もどかしい。

はじめは砂に埋れた平たい岩に見えた。

けれども、監視員が明りを向ければ、まぎれもなくウミガメで、甲羅の長径が一メートルはある。

監視員が大型の手提ランプを、ウミガメの尻を覗きこむ位置にセットする。あられもないところを照らし出すわけである。

大きく開いた後足の間には直径二〇センチ、深さ六〇センチぐらいの穴が掘られている。カメが掘る穴だから、スリバチ状かと思っていたが、エラのような後足を巧みにつかって、こんな細く深い穴を掘るのだ。

ウミガメが力み、肩の肉が盛り上る。すると、股間にぶら下った筒から一個ないし二個、ときには三個の白く丸い卵が、ポロポロッと落ちる。形、色、大きさともにピンポン玉そっくりだが、殻がやわらかいので、ぶつかり合っても割れない。

テレビのライトが照らし出す。フラッシュが光る。私は手にした懐中電灯でウミガメの表情を、しげしげと眺める。

しかし、彼女は動じない。迷惑千万だが、生み終るまでは人間なんか無関係だという顔をしている。

そして、力んでは生み、力んでは生み、それをくりかえす。

彼女の眼から粘液が垂れ落ちている。体内で濃縮された海水が眼の上の孔から排泄されるのだが、涙に見える。

三〇分ほど生みつづけると、突然、左の後足がパッと内側に跳ねた。たちまち卵が砂に埋まる。産卵が終ったのである。

それから丁寧に、丁寧に砂をかきならす。これが一五分もかかった。

人間の眼にも疲労困憊のさまはうかがえる。

ウミガメは、自らの体を引きずるようにして、二、三歩、四歩と進んでは止まり、眼を閉じる。しばらく瞑目してから、またすこし進む。波打際までの三〇メートルに二〇分もかかった。

寄せた波が彼女の腹を浸した。

つぎに、やや大きな波がきて、体が浮いた。

「さようなら」

「元気でな」

見物客から、いっせいに声が上った。

境港［境線］

徳島県から鳥取県へ――。こういう日本横断旅行は、めったに機会がない。

というわけで、ウミガメの産卵を見た翌朝、勇躍して黒潮の日和佐海岸を出発し、山陰最大の漁港境（さかい）へと向うのだが、同行の山内さんは飛行機で徳島―大阪―米子と飛ぶことになっている。そのほうが汽車で行くより三時間ばかり早く着けるのだという。

その時間を利用して撮影するのだが、カメラマンとは気の毒な職業だ。

私は、もちろん鉄道、といっても途中に連絡船が挟まるが、それで行く。瀬戸内海を渡り、中国山地の谷間（たにあい）を振子電車に揺られ、伯耆大山（ほうきだいせん）の麓を通ってというコースである。

「せっかくの豪華コースなのに、飛行機の乗り継ぎとは、編集部も人使いが荒いですな」

「九時間ものご乗車、ご苦労さまです」

お互いに同情し合って別れた。

高松、宇野で乗りかえ、岡山発15時10分の特急「やくも11号」出雲市行の客となる。

きょうは梅雨の晴れ間で、吉備路の白い土や、民家の白壁がまぶしい。

この地方の特産の藺草は、いまが刈入れの季節で、すらりと伸びた丈の高い緑の鮮やかな草が刈られては束ねられている。

倉敷から伯備線に入る。

にわかにカーブが多くなった。しかし、振子電車は曲線が好きでたまらないというかのように、右に左に車体を傾けながら快走する。

伯備線は幸運な線区だと思う。新幹線が岡山まで延長された昭和四七年を機に、山陽と山陰を結ぶ幹線ルートとして白羽の矢を立てられ、昨昭和五七年七月には全線が電化された。一部区間の複線化や線路のつけかえもおこなわれ、面目を一新した。

蒸気機関車の煤煙に悩まされながら山峡を縫い、谷田峠を越えた昔の伯備線を知る者が、こうして振子電車の特急に乗って、カーブも勾配もトンネルも、あるかなきかに容赦なく過ぎて行くと、隔世の感を抱かざるをえない。

あと二時間で米子に着けるとは、まったく便利になったものである。

けれども、この「やくも11号」は無惨なほど空いている。自由席は三分の一ぐらいがふさがっているが、指定席やグリーン車は寥々としている。車内販売のワゴンだけが足繁く行ったり来たりする。

広い河原を見せていた高梁川が、備中松山城跡の麓を過ぎると渓流になり、やがて峡谷になった。石灰岩の白い絶壁がつづいて、鍾乳洞で知られる井倉を通過する。七月号（昭和五八年）の時刻表の欄外には、「7月26日（火）から井倉—石蟹間5.7キロが4.5キロとなり、これより先の各駅の営業キロが1.2キロ短くなります」とある。蛇行する川とともに曲りくねっていた線路をつけかえて直線化する工事がおこなわれたのである。

こういうことについては非常に気になる質なので、さてどんなぐあいかと緊張していると、真新しいトンネルに入った。きょうは、まだ七月六日で、時刻表に記された営業キロ数変更日より二〇日もまえだが、すでに新線を使用している。これは得をしたと喜んだが、車窓の眺めのほうはトンネルのおかげで消えてしまった。

新見を過ぎ、谷田峠のトンネルを抜けて鳥取県に入ると、日が翳った。谷を囲む山々が霞んできた。けさからの行程を旧国名で並べると、阿波、讃岐、備前、備中、伯耆となり、いよいよ山陰に進入した

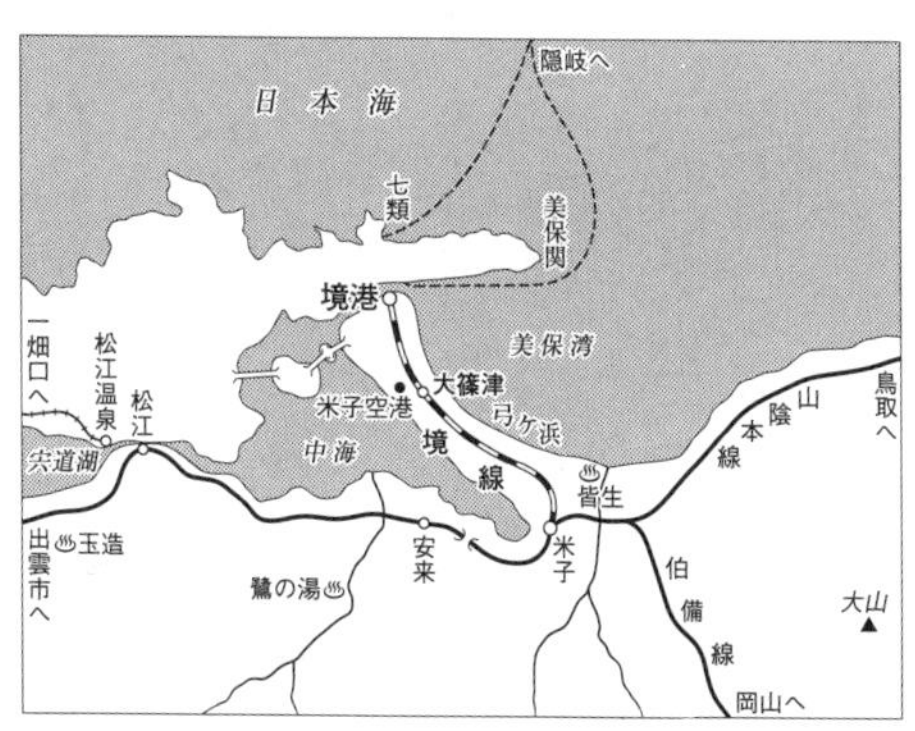

のだから、天候が変るのも当然だろう。家々のつくりも変った。出雲大社のように千木をのせた民家もある。

このあたりは古代からの砂鉄の産地で、「たたら」の跡が随所に残っている。線路に沿って日本海へと流れて下っている日野川の名は、製鉄の「火」に因むとの説もある。

雲をかぶった大山の裾野だけを右窓に見て、山陰本線と合し、17時30分、米子着。

米子は山陰地方でもっとも活気のある町だ。山陰本線に乗ると、沿線に工場がほとんどなく、そのことが本線らしからぬ旅情を感じさせてくれるのであるが、この米子は例外で、山陰地方では唯一と言ってよい工業都市である。

駅の構内も山陰随一の広さで、あちこちに「米」印をつけたディーゼル機関車がたむろし、旧型の客車が並んでいる。ホームの屋根や駅舎も適度に煤けて、鉄道の駅、といった風格がある。

ちょうど夕方のラッシュ時で、米子駅は雑沓していた。

境線が発着するのは、その米子駅の「0番線」である。本線用の長い1番ホームの北側の隅に切りこまれた短いホームで、そこに17時42分発の境港行のディーゼルカーが二両で停車していた。

すでに発車時刻が迫り、車内は高校生や地元の人たちで席がふさがっていた。

つぎつぎに駆けこんでくる生徒を待って発車すると、ぐいと左へカーブして山陰本線と分かれる。と、たちまち建てこんだ家並に分け入って停車する。ろくに走らないうちに停ったような感じだが、簡素な片面ホームがあって「ばくろうまち　博労町」との駅名標がある。米子との駅間距離は一・〇キロしかない。ふたたび家並をかすめて走りはじめたかと思うと、すぐ停車。後藤（ごとう）という無人駅で、早くも下車する客があり、車掌に定期券を見せて路地へと散って行く。

米子近郊のローカル私鉄、ともいうべき感触である。

けれども、境線の歴史は栄光とともに古い。北前船（きたまえぶね）の主要な寄港地であった境港と姫路を結ぼうとする陰陽連絡線の境―米子―御来屋（みくりや）（米子から東へ五つ目の駅）間が開通したのは明治三五年（一九〇二）のことであり、山陰地方に建設された最初の鉄道だった。伯備線などとは比較にならぬ家柄だが、いまは小駅に小まめに停車しながら、つつましく走る。米子―境港間の一七・九キロに駅が九つもある。

後藤を過ぎると、弓ヶ浜を坦々と北上する。砂地の上に線路がまっすぐに敷かれている。

中海（なかのうみ）と美保湾を分かち、島根半島へ向って弧を描きながら突き出た弓ヶ浜は、天橋立を大きく太くしたような形をしている。成因もおなじで、川が運び出した土砂が堆積したものである。弓ヶ浜の生みの親は日野川だが、砂鉄採取によって生じた大量の砂の流出によって、今日のような幅広い砂洲が形成されたのだという。

砂地の上で栽培されているものとしては、タバコとネギが目立つ。そのなかを二両のディーゼルカーが夕べの涼風を窓に受けながら走る。

米子から二三分、ようやく席があいて、大篠津（おおしのづ）に着く。どの駅も小ぢんまりしていたが、この駅は、やや大きく、上下列車が交換できるようになっている。側線には、振子電車の登場で不用になったディーゼル特急が放置され、色あせた塗装が哀れをさそう。

大篠津を発車すると、左窓に近く航空自衛隊美保基地と共用の米子空港があり、胴の短い中型ジェット機が見える。山内さんは無事に着陸したらしいなと思う。

丈の高い松の並木が右に近づいてきた。境港への街道に沿って植えられた松である。

余子（あまりこ）という松並木と雑木林に挟まれた淋しい無人駅を過ぎて前方を見ると、いつのまにか島根半島が青黒く、そして横長く立ちはだかっている。山の麓へ向って行くような錯覚をおぼえるが、その手前に中海から美保湾へ通じる境水道が横たわり、こちら側の岸に境港がある。

18時17分、境港着。

カーブしたホームが右側に一面あるだけの終着駅だが、左には貨物線が七、八本並び、操車場の一隅に降り立ったような感じがする。かつては、ここで鮮魚列車が編成され、続々と発車して行ったのであろうが、トラック輸送に座を奪われた今日では、短い編成の貨物列車が一日三本発着するのみだという。

今夜は「美保の松」という、その名もゆかしい宿で泊ることになっている。なんとなく海岸の眺めのよいところにある旅館のような気がしていたので、タクシーに乗るつもりで運転手に訊ねると、そこですよ、と窓の外を指さした。駅前旅館であった。その前で、カメラを首にかけた山内さんが笑っていた。

ひと風呂浴びて、さっそく夕食。刺身を別に注文したからであろう、膳の上には新鮮そうなのが、たっぷりと盛られている。さすがに山陰第一の漁港だと感心していると、これは定食用で、あとから特注の刺身が運ばれてきた。

魚を存分に胃におさめ、お酒も入って、のけぞっていると、山内さんが、

「境には佐世保や横須賀のような外国人専用の歓楽街がありましてね、横文字のネオンがずらりと並んでいるそうですよ」

と言いだした。編集部の秋田さんから提供された情報だそうである。

境港は一万トン級の船が着岸できる大きな港だが、人口は三万程度で、軍事基地でもない。いささか信じがたい話だが、そんな店が何軒か集まった一郭があるのかもしれない。

しからばと、服に着替え、山内さんはストロボなどを装備して、タクシーに乗りこんだ。

そんなところがあるかなあ、外国の船は着くけんど、と首をかしげる運転手を、あるはずだ、ないはずはないと、酒の勢いもあって促すと、ネオンのまたたく小路に進入した。どの町にもある、ふつうの飲み屋街である。

車は一軒のクラブの前で停った。思いなしか看板の意匠がバタ臭く、ケバケバしいが、とくに外国人用という風でもない。

車を降りて、さてどうしたものかと二人で思案しかける間もなく、ホステスが現れて店内へ連れこまれた。こちらの入る意志が五分、腕を引く力が五分、その和であろうか。

店内は意外に広く、ボックスもゆったりしていた。境港としては高級なところらしい。ホステスも小ざっぱりしていた。

安くなさそうなので、ビールと豆のおつまみを注文して、さっそく外人船員について訊ねる。

ときどき外国船が入港する、最近ではフィリピン、西ドイツ、ソ連の船が入った、この店にも来ることがある、ソ連の船員は金がないのか禁じられているのか、バアに入ったりはせず、町を散歩するだけ、そのかわり、カップヌードルを山のように買いこんで船に戻っていく……。そんな話が聞けた。

ビールの中瓶二本に、最低のおつまみで、滞在時間は約二〇分。それで勘定は九九九〇円であった。

通りまで送りに出てきたホステスの一人に、外国船員の出入りする店が他にもあるのかと訊ねると、この先にもう一軒あると店の名を教えてから、

「でも、およしなさいよ。この店よりも高いのよ」

と耳もとでささやいた。

翌朝は四時半に起きて魚市場へ行った。

かつての境港の魚市場は国鉄駅の近くにあり、引込線が通じていたが、いまは美保湾寄りの広い場所に引越して、国鉄の引込線もない。

市場では、近海ものの競(せ)りがはじまっていた。

山陰第一の漁港だけあって、広大な市場だが、それにもまして並べられた板箱の数の多いこと、盛られた魚の種類の豊富なこと。三メートルものサメからシラスにいたるまで五〇種、いや、もっとあったろう。「知夫(ちぶ)」「西郷(さいごう)」など隠岐の漁業組合の名を記した箱が目立つ。

競りは三ヵ所に分かれておこなわれ、競売係(せりこ)の声が勢いよく響いて、人びとが右往左往している。

一箱あたり五秒ないし一〇秒たらずの快速で買い手が決まる。仲買人の商号を印刷した紙片がパッと魚の上に置かれ、間髪を入れず長靴の女性が手鉤で引きずり出す。雑然と整然とが同居している。

しかし、魚の名を訊ねると、これはシイラ、これはイサキと、意外に親切に教えてくれるし、ウロウロする無用者を迷惑がるようすはない。

六時過ぎに近海ものの競りが終った。

つぎは遠海もので、きょうはマグロが揚るという。

岸壁には三〇〇〇トン級のマグロ漁船が着岸し、船倉の氷をクレーンで掻き出しては海に捨てている。

やがて、その下から巨大な錫(すず)の塊のようなマグロが現れた。尻尾に縄がかけられ、クレーンが逆吊りにする。体軀充実、はち切れんばかりの堂々たる本マグロだ。さっきまでの近海ものなど遠く及ばない王者の貫禄がある。

クレーンからフォークリフトに移された本マグロの遺体は、あたりを払うように人垣を分けて市場へ運ばれ、秤(はかり)にかけられる。

さすがに大きい、私の体重とおなじ六〇キロぐらいはあるかな、と思ったら、とんでもなかった。針は一三六キロを指した。たちまち重量を記した紙片が貼られる。

計量が終ると、出刃包丁を構えた二人の女性がマグロに取りつき、鰓(えら)を切り裂き、内臓を抉出する。コンクリートの床が赤く染まる。

つぎつぎにフォークリフトが本マグロを運んできては、秤にのせる。一〇〇キロ以下のものもあるが、一五〇キロ前後が多い。

そのうち、ちょっとばかり大きいのが来たなと見ると、針が二一二キロを指した。高見山より重いのである。

この日は約一〇〇本の本マグロが揚ったが、最高は二三七キロであった。

仙崎［山陰本線］

「このところ、しばらく魚市場のある終着駅へ行ってないですね」

と私は言った。相手は編集部の秋田さんである。

「そういえば、女川（宮城県）いらいご無沙汰してますね。たしか、あれは四月でした」

終着駅と魚市場とは、よく似合うような気がしている。鉄道の引込線があって、白い冷蔵貨車が並び、そこでセリがおこなわれる……。

形になっていると思う。汽車に乗るのも、どんづまりの終着駅も好きだが、新鮮な魚の虚無的な眼も好きだ。もちろん食べるのも好きだ。齢とともに魚介類への志向も強まっている。

それで、宮崎県の妻線に乗った帰途を利用して、魚市場のある終着駅を訪れることにした。

けれども、ありそうで、意外に無い。魚市場はどこにでもあり、終着駅もあちこちにあるのだが、魚の香が漂っている終着駅は思いのほか少ない。「魚市場と終着駅」というイメージだけがふくらんでいて、実態はそれほどでもないのである。魚は魚、鉄道は鉄道なのであろう。

唸りながら「時刻表」を睨んでいるうちに、ふと「さんべ2号」に乗りたくなった。すると自然に「仙崎（せんざき）」の名があがった。やはり鉄道優先なのである。

「さんべ2号」という急行は愉快な列車で、離れたり、くっついたりする。まず、七両編成で博多を10時32分に発車した鳥取行の「さんべ2号」は下関に着くと二つに切り離され、前部の四両は山陽本線から美祢（みね）線へと入り、後部の三両は山陰本線経由となる。ここまでは珍しくない。一本の列車が二本に分割されたり、二本が一本に併結されたりする例は数多い。

ところが、「さんべ2号」の場合は、いったん別れたはずの二本の列車が長門市でふたたび落ち合い、一本になって鳥取へ向うのである。離婚も結婚も珍しくないが、「さんべ2号」は離婚した相手と再婚するという稀有なことをやってのけている。

それがどうした、と言われると困るけれど、とにかく「さんべ2号」に乗ってみたい。しかも今回は秋田さんと

の二人旅である。二人は下関で別れる。そして一時間四〇分後に長門市駅で再会する。長門市からは山陰本線の短い支線があり、その終着駅が仙崎。魚市場の町である。

妻線に乗ったあと、バスを乗り継いで秘境米良荘（めらのしょう）から人吉盆地へと抜けて熊本に一泊した私たちは、翌一一月一五日（昭和五七年）、月曜日、この「さんべ2号」に乗りこんだ。

下関では私の乗っている山陽本線・美祢線経由の四両が先に発車する。秋田さんはホームに立って見送る。わずか一時間四〇分後には再会できるのだが、別れは別れであるし、どちらかの列車が事故に遭うかもしれない。窓を開けて手を振る。

小倉で買った一〇〇〇円の「うにめし弁当」を開く。ウニだから高いのは当然だろうけれど、天ぷらやカマボコばかりで、肝心の「うに」がない。どうしたことかと箸でかきまわしているうちに、さつま揚げの蔭から、小さなアルミホイルに収まった、ほんのひと口の粒ウニを発見した。

山陽本線を少し走って厚狭（あさ）から美祢線に入り、石灰岩の台地を上り下りして13時44分、カマボコ工場の目立つ長門市に着いた。

跨線橋を渡って1番線で待機すると、待つほどもなく山陰本線経由のもうひとつの「さんべ2号」が姿を現した。たった三両なのでローカル線の列車のように見える。定刻13時47分着。秋田さんが降りてきた。当然ではあるが、摩訶不思議な気もした。国鉄の評判はわるいけれど、こういう芸当のできる鉄道が外国にあるかどうか。たぶん無いだろうと思う。

長門市から仙崎までは、たった二・二キロで、すぐだ。沖合に観光地として知られる青海島（おうみしま）が東西に長く蟠踞（ばんきょ）し、その間の海峡で波がぶつかり合って砂がたまり、地形学で言う「砂嘴（さし）」の上にできたのが仙崎で、いわば長門市の舌みたいなところにある。行政上も長門市の一部である。

その砂嘴の上に山陰本線の支線が敷かれているのだが、固有の線名はなく、「山陰本線」となっている。あまりに短いので一人前の扱いをされなかったらしい。

今度の仙崎行は14時16分発。三〇分ほど待たなければならない。「さんべ2号」から降りた客のなかには、仙崎や青海島へ行く人も何人かはいたにちがいない。けれども、三〇分も待って仙崎行に乗る人はいない。バスに乗ればすぐである。

きょうは、あいにく雨だ。山陰の冬の近いことを思わせる陰湿な雨が、腰を落ちつけて降っている。

併結を終えた「さんべ2号」が発車して行くと、昼下りの長門市駅は人影も消えて閑散となった。山陰本線の主要駅だが、山陽本線の小駅ぐらいの風情である。

することもなく雨の2番線で待つうちに、ようやく厚狭発の仙崎行ディーゼルカーが二両で入ってきた。行商帰りらしいかつぎ屋のおばさんたちがアルミ罐や段ボールの箱を背負って降りた。

長門市で回送車のようにガラ空きになった仙崎行は、定刻14時16分に発車した。二両合わせての客は、かつぎ屋のおばさんが三人、観光らしい若い女性の二人組、長靴のおっさんが一人、それと私たちの計八人であった。

左にカマボコ工場や製材所、ついで右に小学校を見ると、家並に入って右にカーブし、あっけなく仙崎に着く。わずか二・二キロだからしかたがない。待つのが三〇分、乗るのは三分であった。

仙崎は線路一本、片面ホーム一本という簡素な駅である。しかし、駅舎は平屋ながら新しくて明るい。

若い女性の二人連れは駅前の観光船案内所へ向って雨の中を走って行く。かつぎ屋のおばさんの一人は雨の空を見上げて立っている。私はそのおばさんに、毎朝何時の汽車に乗るのかと訊ねてみた。

「八時の汽車や」

八時とは8時06分発の厚狭行のことらしい。

「わしら近いとこしか行かんからの。門司や小倉行く人らは四時のに乗るがの」

掲示された発車時刻表を見ると、4時21分の始発列車があり、これが長門市で門司行に接続すると書いてある。

仙崎での第一の目的は、魚市場でセリを見ることである。これは午前二時と六時の二回開かれるという。それで、魚市場のすぐ向いにある宿を秋田さんが予約してくれている。

第二の目的は宿の夕食で魚を存分に食べることである。しかし、まだ時間がある。

私たちは駅前からタクシーで青海島へ向った。

青海島へは昭和四〇年に橋が架けられて便利になった。仙崎側は海面すれすれの平たい砂嘴であり、青海島側は山なので、この橋は登り一方になっている。

車が橋にさしかかると、ぐっとのけぞるようになり、振りかえると仙崎の家並が低く広がって、たちまち青海島の山中に入る。島へ渡ったという気分はない。

けれども、この橋が島の人にとって、どれほど嬉しい存在であるかは私などの想像を越えたものがあろう。昭和三六年に音戸（おんど）大橋が竣工して倉橋島が本州と結ばれたとき、島の村長が「これで島の者（もん）と言われずにすむようになりました」と泣いていたのをテレビで見たことがある。それを思い出す。

青海島は東西一〇キロもある大きな島で、見るところが多い。

まず、「夏ミカンの原樹」。これは橋を渡って低い峠を越えた大日比（おおひび）という集落にある。集落のなかは道が狭いので車は入れない。雨のなかの小径を下ると、一軒の民家の庭先に夏ミカンの老木があって、五〇個ばかりの実をつけていた。傍らの立札によれば、山口県の特産になっている夏ミカンの原樹で、樹齢二〇〇年、西本チョウという女性が海岸に流れ着いた実を拾って種を植えたのだという。ひっそりとした民家の玄関の表札を見ると、「西本秀雄」とあった。

その大日比の集落のはずれに法船庵という尼寺がある。巨岩の露出した山肌を巧みに庭として採り入れた美しい寺で、思わず足をとめて見惚れる。

尼寺だから男子禁制だが、門をくぐり、庫裏の板戸を開けて声をかけてみる。この辺までならかまわないだろう。

この寺もひっそりしていた。ガイドブックによれば三〇人ほどの尼さんが自給自足の生活を送っているとあるのだが、声をかけても寂としている。

二人で交互に声を高めながら「ごめんください」を連呼していると、ようやく物音がして年老いた尼さんが現れた。けれども、耳が遠いうえに、こちらの訪問目的も曖昧だから意は通じにくい。

それでも、庭なら見てもいいということになって、くぐり戸から中に入る。岩と松、それに紅葉したカエデが配されて、これまた見惚れる。感心しながら先へ進むと、庫裏の裏に出た。地下足袋や鍬がある。その先に小さな別棟があって煙突が出ている。覗いてみると風呂場である。奥へ入り過ぎた気配なので、ここで引き返す。

ふたたび車で海岸沿いに東へ向うと、タイの観光養魚場がある。売店で餌を買い、青黒い海面に撒くと、タイが群がり集まり、ときに重なり合って水面を跳ねる。数百匹は集まっただろう。こんなにたくさんのタイを見たことはなかった。

さらに東へ向うと、島の東はずれに通村という漁港がある。バスが通うようになったのは昭和五五年のことで、それまでは島に橋が架かっても通村へは船で渡るほかなかったという。

通村は捕鯨基地だったところで、清月庵という寺に「鯨の墓」がある。ここも道が狭くて車は入れない。

清月庵は民家のような小さな寺で、短い石段を上ると引違いのガラス戸があって、それを開くと、すぐ眼の前に仏壇があった。

線香は上っているのに、人の住んでいる気配はなく、隣の居間もガランとしている。声をかけてみたが返事がない。

建物にくらべると鯨の墓は立派であった。元禄五年（一六九二）に建てられたもので、母鯨から出てきた胎児七二体が葬られているという。

帰途、雑貨店のおかみさんに、清月庵には坊さんがいないようだが、と訊ねてみた。住職は先年亡くなり、跡を継ぐ人もないので、村人たちがお経や線香をあげているとのことであった。

青海島を駆け足で回り、青海大橋を下りながら渡って仙崎に戻る。予約しておいた魚市場前の旅館には、

「歓迎、秋田様御一行」

と大書された大きな黒い札が掛かっていた。

夕食の膳は、たった二人の御一行様ではとうてい食べきれないほど量が多かった。まず、一尺ぐらいのタイの生きづくり。それにハマチやイカなどの刺身が添えてある。これだけで二人分の胃がいっぱいになってしまう。

さてどうしたものかと二人で顔を見合せて腕組みをしていると、「熱いうちにどうぞ」とタイの頭の蒸したのが運ばれてくる。そしてヒラメの唐揚げにサワラの西京漬。どれもうまかったが、どれも量が多すぎて、有難さを通り越してしまう。

料理を運んでくるのは二七年間カマボコ工場に勤めていたという七〇歳ぐらいのおばあさんで、話好きなのか話相手がいないのか、こちらが何かひとこと言うと、その五〇倍ぐらいしゃべる。……養魚場のタイは身が締まっていない、やはりタイは荒波に揉ま

れたものでないとあきません、ここへお出ししたのは、みな外海で獲れたものばかりです。……法船庵へ行きなさったか。尼寺はなあ、一生分の食扶持を納めにゃならんから金持の娘でのうては入れやしません。

仙崎名産のカマボコの話となると、さすがにくわしく、製造工程を詳細に説明してくれる。

まず原料はエソでなくてはいけない。見栄えのしない小魚だが、身は透きとおるように白く、弾力がある。ちかごろはスケトウダラのすり身の冷凍が安く出廻って、手間はかからないし、ほとんどのカマボコ工場はこれを使っている。エソを使っているのは仙崎に一軒しかない……。

大量のご馳走と豊富な話題で充実した夕食であったが、二日続きの朝起きで、眠くなってきた。

午前二時。魚市場のサイレンが鳴る。二時のセリは遠洋ものが取引きされるという。

午前六時。二回目のサイレンが鳴った。こんどは近海ものが取引される。私たちは急いで宿を出た。

コンクリートの岩壁に魚を盛った底の浅い板箱がつぎつぎに運びこまれ、並べられている。

近海ものだけに種類が多い。生きている魚も多く、跳ねているのや、鰓をピクピク動かしているのもある。アナゴが動いている、フグがはちきれんばかりに腹をふくらましている、板箱を一匹で占領した巨大なイカも呼吸をしている。

いっぽうではセリがはじまって、大声で怒鳴る人物のまわりに人だかりがしている。競売係が鉤捧で一つ一つの板箱を指しては何やらわめく。値段を言っているはずだが、ウッダア、ウッダアとしか私には聞こえない。しかし、つぎつぎに仲買人の手が上り、屋号の入った紙片が魚に貼られていく。一箱あたり一〇秒とはかからない。

断末魔の苦闘をつづける魚たちの上に無造作に置かれていく売約済の紙片。その非情さに見とれるうちに夜が明けてきた。

門司港［鹿児島本線］

「終着駅」といえば、汽車旅の終りという共通のイメージがあって、なんとなく、それで話が通じてしまうけれど、では、終着駅とは何か、どのような駅を指すのか、日本に終着駅がいくつあるのか、と改まって考え出すと、当惑してしまう。

稚内や長崎のように、線路の末端であり、これから先へは進めませんという場合は文句なしに終着駅であるが、東京駅や上野駅のように、列車の客にとっては「終着駅」であるにもかかわらず、線路図の上では終着でない駅も多い。

線路の終点を指すのか、それとも列車の最終到着駅のことか、となると、字句から見て後者のように思えるが、それだけで規定すると、列車の行先はいろいろであるから、たとえば東海道本線の下りの場合、平塚、国府津、小田原、熱海等々が「終着駅」になってしまう。

こうした物理的条件とは別に、「終着駅」に欠かせないのは、情感とも言うべきものである。これがないといけない。だから、ますます扱いにくい。

扱いにくいけれど、情感に訴えてくるから、鉄道の領域を越えた広がりを持ち、「人生の終着駅」といったふうにも使われる。

このように定義ははっきりしないのだが、「終着駅」と言えば、おのずから通じ合える。用語としての不備を人間の心が温かく補足している。それが嬉しい。さすが百年余の歴史を有する鉄道だけあって、そうした用語を生み出したのだとも言える。おそらく、飛行機や自動車には「終着駅」に匹敵するような味わいのある用語はないだろう。航路や道路に行き止まりがあるかないかではなく、それだけの味わいを醸し出していないだろうという意味においてである。あるとすれば船で、船に格別の関心を持たぬ私でも、「波止場」と聞くと、足と心がそちらに向う。

ところで、今回の門司港駅であるが、これは線路が行き止まりになっていて、しかも波止場がある。

「日本国有鉄道線路名称」によれば、門司港は鹿児島本線の「起点」である。起点と終着駅とでは語意の上では相反するけれど、起点とは、東京を中心においた、いわば中央集権的な設定であって、九州の側から見れば、終点であり、終着駅である。そう考えて門司港駅を訪れることにした。

といっても、今日の門司港駅は昔日の終着駅ではない。かつては、笈を負った九州の人たちが感慨にひたりながらホームに降り立ち、関門連絡船に乗り継いで本州へ渡っていたのだが、昭和一七年一一月の関門海底トンネル開通を機に流れが変った。

鉄道路線の変遷史は非情である。丹那トンネルは御殿場線を栄光の座からローカル線に格下げし、複線を単線にしてしまった。石勝線の開通によって富良野は特急列車に見捨てられた。

関門トンネルは、地形の関係で門司市街から遠く離れた小倉寄りに坑口が開かれ、門司と小倉の中間にあった大里（だいり）という小駅で鹿児島本線と接続した。門司は、本州と九州を結ぶメイン・ルートからはずされたのである。駅名も、大里が「門司」、それまでの門司が「門司港」に改称され、門司―門司港間の五・五キロは支線のような形になった。

寝台特急「はやぶさ」は関門トンネルを抜けて、定刻8時12分、門司に着いた。かつての大里駅である。関門トンネルが開通した当初は、掃き溜めに鶴が舞い降りたと言うか、駅の改築やホームの増設、特急「富士」「さくら」の停車など、思いがけぬ幸

運に戸惑っているかに見えた駅であったが、四〇年の星霜を経てみると、それなりの風格があり、と同時に、古い大きな駅に特有の「疲れ」も感じられる。

すでに古びてきた地下道をくぐって門司港行のホームへ向いながら私は、

「たった六分で門司港に着いてしまうとは、あっけなさすぎますかなあ」

と編集部の秋田さんに言った。

「そうですね」

「熊本か、せめて博多からでも乗ってくれれば終着駅への気分が出たかもしれない」

門司港へのスケジュールを決めるとき、福岡まで飛行機で行ってはどうかと秋田さんは言った。しかし私は汽車で行きたいと「はやぶさ」にしたのである。

「でも、はるばる東京から夜行でやって来たのですから」

8時20分発の電車で門司港へ向う。日豊本線から入ってきた交流電車である。ちょうど通勤時間帯なのだが、八両編成の車は空いていて、座席の半分もふさがっていなかった。おそらく、小倉で大半の客が下車したのであろう。乗っているのは通勤者風の人ばかりであるが、なんとなく黒ずんで見えるのは、若い女性の客がほとんどいないからである。これも小倉で降りてしまったにちがいない。北九州市の中心として華やいでいるのは小倉であり、山口県の人でさえ、まとまった買い物をするときは関門トンネルを通って小倉に来るという。

門司港までの五・五キロは操車場のなかを走っているようなもので、ひとつポイントをまちがえば貨車に追突してしまいそうなところだが、交流電車は通い慣れた道といったふうに快速で走る。

貨物用の幾本もの側線の向うは工場や倉庫が並んでいるが、古い煉瓦づくりが多く、新しい建築は少ない。いまどき、煉瓦の建物では何かと使い勝手がわるいだろうが、これだけまとめて煉瓦づくりを見られるところは少ないように思う。時代が逆戻りしたような気がする。

その煉瓦の間から、チラチラと関門海峡が見える。

たった一駅だと思っているせいか、案外に長く感じられた数分が過ぎると、ブレーキがかかる。門司港駅の構内にさしかかったのである。しかし、すぐにはホームにすべりこまない。速度を落としたまま、そろり、そろりと進入する。さすが鹿児島本線の終着駅だけあって、厳かな進入ぶりである。上野駅に着くときに似ている。

窓に顔を寄せていると、ゆっくりとポイントを通過するたびに股の下から線路が分岐(ぶんけつ)し、それをくりかえしながら構内が広がってゆく。いいものである。

門司港駅のホームは「頭端式」になっている。つまり、幾本ものホームが櫛形に並んで、その根本がくっつき、その向うに駅舎と改札口がある、という形である。私鉄や諸外国のターミナルは頭端式が多いが、国鉄では少ない。上野駅の低いほうのホームや大阪の片町などはこの形だが、長崎や稚内は駅舎が横にあり、線路の一部が先へ延びているので、どんづまりの終着駅といった風情に欠ける。やはり、終着駅らしいのは、この頭端式である。

門司港駅で、まず見たいのは、かつての連絡船への通路である。これは改札口の手前の左側にあり、道路の下をくぐるので地下道になっている。できればそこを抜けて岸壁跡へ出てみたいと思っていたのだが、柵があって通れない。しかも、柵の前のわずかなスペースが車置場になっていて、数台の乗用車が占領していた。九州の人たちが青雲の志を抱いて歩んだ連絡通路も台なしである。

けれども、こうして壊されずに残っているだけでもよしとせねばなるまい。地下道とかトンネルとかを壊すにはどうしたらいいのか、よくわからないけれど、とにかく私は柵越しに暗い穴倉を覗いて、多少の感慨をおぼえた。

つぎに3番線の根元に建てられた「0哩（マイル）」の石碑を見る。これは九州の鉄道百周年を記念して昭和四七年に建てられたものである。黒曜石の立派な碑で、これを見ると、この地点が九州の鉄道の原点であり起点であるかに思われるが、正確に言うとそうではない。おそらく、大方の人は見落とすのではないかと思うが、裏を見ると、こう彫られている。

「当時の0哩標は、ここから南東一九五メートルの地点にありました」

私が裏面を見たのは、弓削信夫著『九州・鉄道歴史探訪』(昭和五五年、ライオンズマガジン社刊)を読んでいたからである。そうでなかったなら、そうか、ここが九州の鉄道の原点かと、また感慨にふけったかもしれない。

そこで、「南東一九五メートル」の地点に行ってみた。弓削さんによれば、「三角形のマンホールの蓋のようなもの」が埋め込まれているという。

そのあたりと見当をつけた路地をうろうろしていると、秋田さんが、「あ、これです」と言う。見ると地面に、知らなければ蹴とばすか、つまずくかしそうな一辺四〇センチほどの三角形の標識が埋められており、「百年記念、0哩標跡、九州鉄道」の文字があった。

そのあと、私たちは海底人道トンネルを歩いて下関に出、船で巌流島に渡ってから、ふたたび門司港駅に戻ってきた。

駅前に立って、銅板葺き三階建ての駅舎を眺める。どういう様式の建築かわからないし、どことなく裁判所を想わせるような威圧感があるけれど、超然と時代の盛衰を見下ろしているような、いい建物である。いまの門司港駅には大きすぎ、立派すぎるようだが、町がさびれたからといって、それに合わせて駅舎を小さくせねばならぬこともあるまい。

ところで、きょうは一二月八日(昭和五六年)である。太平洋戦争がはじまって、ちょうど四〇年になる。それはそれとして、あしたの一二月九日は私の満五五歳の誕生日である。定年である。三年前に、ながく勤めた会社を辞めたけれど、もし勤めていたなら、あしたが定年である。黒ずみ、さびれた門司港駅に意地張った感慨をおぼえるのも、そうした齢のせいなのだろう。

11時10分発の電車で、門司港駅を去る。

去る、というのは門司港への思い入れであって、私たちは、これから新幹線でつぎの目的地、福井県の三国港へと向う予定である。

終着駅は始発駅でもあるのだ。

杉安［妻線］

宮崎県の妻線は一九・三キロの短い線区ながら、沿線は新旧さまざまな見所に富んでいる。

古いほうでは、まず「妻」の訓みが「投馬(つま)」に通じることから、『魏志倭人伝』に記された「投馬国」とは、この地を指すのだとする説がある。福岡県北部と推定される「不彌国」から「南至投馬国水行二十日」と『倭人伝』に書かれている。『倭人伝』から二〇〇年ほど時代が下って五世紀になると、妻付近に多数の古墳がつくられた。有名な西都原(さいとばる)古墳群だけでも大小三二九基もあるという。

そうした由緒ある地にふさわしく、神代神楽の類も受けつがれており、いわば古代日本が息づいているとも言うべき地である。

新しいほうの見所は、古代にくらべるとだいぶ劣るが、猛獣などを放し飼いにした「サファリパーク」、さらに航空自衛隊の新田原(にゅうたばる)基地もあって、ジェット戦闘機が古墳やライオンの上空に飛行機雲を引いている。

西都原古墳群やサファリパークは宮崎県の主要な観光地で、訪れる人は多い。しかし、バスやマイカーで回ってしまうので、妻線を利用する客は少ない。妻線の客のほとんどは宮崎市方面への通勤通学客である。縁起ものとして「妻駅」の入場券がよく売れるそうだけれど、もちろん焼け石に水であろう。

したがって妻線の営業成績は不振であり、第一次廃線候補に指定されている。

その妻線にひさしぶりに乗ってみることにした。新年号にふさわしい土地柄のように思えたし、早く乗っておかないと消えてしまいそうな気がしたからである。

今回は編集部の秋田さんが同行する。

「東京から宮崎へ行くとすると、いまや、みんな飛行機でしょうが……」

と私は言った。そのあと、何を言いたいかは決まっている。

「いえ、夜行列車で結構です」

と秋田さんも察しがいいというか、覚悟はできている。

一一月一三日（昭和五七年）、土曜日、東京発17時00分の新幹線で岡山着21時10分。ここで寝台特急「彗星1号」宮崎行に乗りかえる。

この「彗星1号」は宮崎県へ行くのに便利な列車で、延岡着7時04分、宮崎着8時28分というのが、じつにぐあいがいい。朝からたっぷり日向路の旅を楽しめるようにできている。

「彗星1号」は新大阪始発なので、東京からの場合は新幹線から乗り継ぐわけだが、これがまた自由自在で、新大阪から乗りたいと思えば東京発が15時24分、姫路から乗るなら東京が16時00分、岡山からならば17時00分発でよく、もっと遅く東京を発ちたければ18時00分で広島から乗り継ぐこともできる。

というふうに、じつに重宝な列車だと私は思っているのだが、さて岡山から「彗星1号」の7号車に乗ってみれば、無惨なほどのガラ空きで、上中下三段式の計四五ベッドのうち、客が入っているのは下段の五つか六つ、あとは折りたたまれた毛布や浴衣が枕灯に虚しく照らされるベッドばかりであった。

愛想よく、しかし気勢の上らぬ風の年輩の車掌に、いつもこんなに空いているのかと訊ねる。

「年末は大変に混みます」

という返事であった。

向い合いの下段に腰を下ろして、秋田さんと寝酒を飲み、就寝。

あすの朝まで熟睡できますようにと願っての寝酒でもあったが、いつものように下関の「運転停車」で眼を覚ます。往年の絶対的終着駅下関は、かな

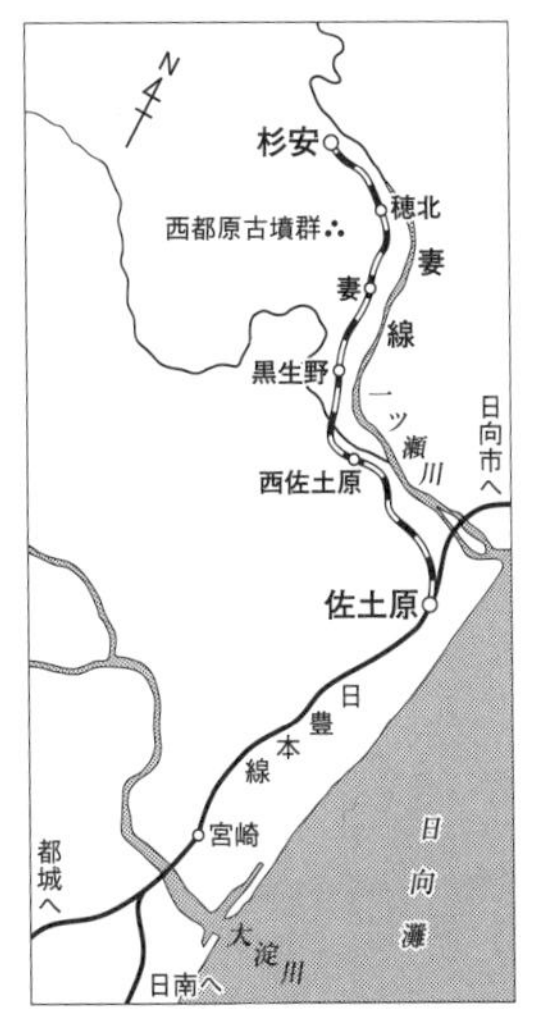

らず私を起してしまうようにできている。まだ三時すこし前である。

関門トンネルを抜けて小倉から日豊本線に入ると、線路の響きが、どことなくローカル線の感触になる。眠るがごとく眠られぬがごとくベッドに仰向けになっていると、朦朧たるうちにも別府、大分の停車は意識してしまう。

ちょっと起き抜けて車内を歩いてみたいのだが、「車内での盗難事故にご注意ください」との放送もあったことだし、うろうろするのは気がひける。

九州の夜明けは東京より三〇分は遅い。日の短くなった晩秋なので、6時08分着の佐伯(さいき)でも、まだ暗い。

日向の国境へ向けての宗太郎越えにかかると、急勾配で足が上になり、頭が下ってくる。寝心地がわるいので起き上る。ようやく空が白んだ。

峠を越えて宮崎県に入ると、濃い朝靄である。杉や檜の山肌は濃淡だけのモノクロームで、山水画そのままであり、列車に寄り添う谷川からは湯がたぎっているかと見まがうほどに靄が湧き上っている。

延岡着7時04分。朝靄が消えて、青い空が見えてきた。きょうも晴れらしい。宮崎県に来たのは、これが一〇回目ぐらいではないかと思うが、いつも晴れている。

築場の広告がある。「十月下旬から十二月中旬まで」となっている。落鮎とはいえ、一二月中旬まで鮎が獲れるとは、さすがに南国だ。

どの夜行列車にも夜と昼との境目になる駅があるもので、「彗星1号」の場合は延岡がそれにあたる。長かった夜は延岡を境にして朝靄とともに拭うように消え失せ、日向路の青い空と海が広がる。列車は、つぎつぎに流れ下ってくる清流を渡りながら南下し、妻線の起点の佐土原（さどわら）を通過して、定刻8時28分、宮崎に着いた。

宮崎の駅は、県庁所在地にしては小規模で、駅舎も小さい。そのかわり、朝の陽がいっぱいにさして明るい駅ではある。

到着したホームに駅弁屋さんが一人だけいたので、さっそく「椎茸弁当」を買う。待つほどもなく妻線のディーゼルカーが四両編成で入ってきた。妻線の起点は、さきほど通過した佐土原であるが、全列車が宮崎着発になっている。

入ってきたのは8時37分着の上り列車で、これが8時45分発となって折り返す。四両編成とは贅沢だが、通勤時間帯の列車だからであろう。

「さて、どれだけ通勤客が乗っていますかな」

と秋田さんに言ってから気がついた。きょうは日曜日であった。

それでも、思いのほかたくさんの客が降りてきた。一〇〇人ぐらいは乗っていたと思われる。宮崎では、いまが秋の運動会シーズンなのか、それらしい出立ちの高中学生や買物客らしい婦人が多い。

それにひきかえ、折り返しの下り列車の客は少なく、四両合わせても二〇人に満たなかった。

宮崎発8時45分。これが朝の二番列車であるが、つぎの列車は14時38分発までない。閑散とした妻線のディーゼルカーは日豊本線を北へ向う。一一月中旬というのに客たちは窓を開けている。

椎茸弁当を食べているうちに、宮崎神宮、日向住吉と小駅に停車して、9時03分、佐土原に着く。ここでグレイの制服の女子高生が三〇人ぐらい乗る。妻の高校で文化祭でもあるのだろうか。九州では灰色の制服をよく見かける。灰色というと聞こえはわるいが、案外にシックである。それからボーイスカウトの卵のような格好の子どもたちも二〇人ほど乗る。秋田さんによると「カブ・スカウト」というのだそうだ。

車内が日曜日らしい賑わいになり、佐土原から妻線に入る。右へ分かれた日豊本線は一ツ瀬川を渡って北へ向い、こちらは一ツ瀬川に沿って西北へと進む。

川の両岸は洪積台地で、左窓近くの台地の上には「サファリパーク」があり、それを示す塔が立っているが、車窓からは動物は見えない。ちょっと寄ってみたい気もするが、この列車を下りてしまうと六時間も待たなければならぬ。

五年前、はじめて妻線に乗ったとき、せめてキリンの首でも見えないかと私は首を伸ばしたが、今回もまた首を伸ばす。やはり見えない。

右窓は田園地帯で、ビニール畑やウナギの養殖池が点在している。

西佐土原に着く。ここは島津藩の城下町で、かつての駅名は「佐土原」であり、現在の佐土原は「広瀬」であった。けれども町村合併の結果、佐土原の町名は残ったものの、町役場をはじめ諸機関が交通の便利な旧広瀬町に移ってしまい、駅名も改称されたのである。

すでに無人駅にされているが、西佐土原の古い木造駅舎には、思いなしか城下町の風格が漂い、途中下車して町を歩いてみたい衝動に駆られる。しかし、これまた、つぎの列車まで六時間では諦めざるをえない。なにしろ、きょうのうちに熊本まで抜けようという欲張ったスケジュールなのである。

右窓の一ツ瀬川の対岸には新田原台地が広がり、その上に航空自衛隊の滑走路がある。

「きょうは飛行機雲が見えませんね。日曜日だからでしょうか」

と秋田さんが空を見上げている。一週間ほど前に取材に来たカメラの山内さんの写真を見ると、どのカットにも飛行機雲が写っていたという。

沿線には休耕地が目立つ。ビニールは取り払われ、錆びた鉄骨だけの促成栽培畑もある。

黒生野(くろうの)という無人駅に停車する。待合室だけは新しいがあとは放置され、民家の裏から雑草がホームへと生え伸びて、境界が定かでなくなっている。良く言えば、駅が田園に溶けこんでいる。

乗降の客もなく黒生野を発車すると、まもなく見事な檜の丸太を積み上げた貯木場やチップ工場が現れ、この線の中心駅、妻に着く。女子高生の全員と一般の客のほとんどは、ここで下車した。

黒い瓦屋根の妻の家並をすり抜けて、ふたたび田園に出る。左窓の低い台地の上に西都原古墳群があるはずなのだが、車窓からはわからない。

穂北(ほきた)を過ぎると、平地がにわかに狭まり、登り勾配になる。左右に、そして前方に山が迫ってきた。まもなく終点の杉安(すぎやす)だと知ってはいるけれど、知らなくても終着駅の近いことを推察させる地形である。

ディーゼルカーは、もうこれ以上は山に遮られて進めませんというかのように停車した。大きな貯木場の片隅に突っこんだような駅であった。

妻線が「妻軽便線」として杉安まで開通したのは大正一一年八月で、木造平屋建ての駅舎も開業当時のままだ。

杉安駅に勤務する職員は二名とのことであるが、二四時間交替制のためであろう、金筋の入った助役の制帽の似合わない若い駅員が一人いるだけであった。列車が入ってくると、一人なので、なかなか忙しく、まず列車の定時到着の確認、下車客の集札、それからリヤカーを引っぱって先頭車から小荷物をおろす。駅前のバス停で戸惑っているおばさんにバスの時刻の案内をする。私たちが「九州ワイド周遊券」を差し出すと、見慣れぬ切符だというふうに裏を返して、こまかい字で印刷された規則を丹念に読んでから往路用の一片を切りとる。

まもなく村所（むらしょ）行の国鉄バスが来る。村所は秘境といわれる米良荘（めらのしょう）の中心集落で、一ツ瀬川の谷を遡ること一時間半で達する。若い助役は、そのバスの発車を見送る。ところが、バスが発車して、しばらくすると、さきほどのおばさんが駅舎の脇の厠（かわや）から悠々と現れた。「あんた、いまのバスに乗らんかったんか」「便所におったバイ」というぐあいである。つぎのバスは12時07分発で、二時間半ばかり待たなければならない。けれども、おばさんは、さして無念がる風もない。二時間半であれ、六時間であれ、問題にしないかに見える。

それに反して私たちは、あわただしい。杉安に着くやいなやタクシーを呼んで西都原古墳群を大急ぎで見物し、妻駅に立ち寄って入場券を買い、昼食をすませてから、このおばさんとおなじ12時07分発のバスで村所へ向い、さらにバスを乗り継いで人吉盆地へと抜け、今夜は熊本に泊る予定になっている。

杉安は「日向の嵐山」といわれる、一ツ瀬川の峡谷が突然に山から解放されて平地に出るあたりの地形は、たしかに嵐山に似ている。忙しく通りすぎるにはもったいない、清遊の地のようであった。

枕崎［指宿枕崎線］

いちばん遠い終着駅、それは東京からの場合、鹿児島県の枕崎である。

昭和五七年の一〇月に北海道の石勝線が開通するまでは根室のほうが遠かったが、現在は枕崎で、東京から一五八一・五キロ、石勝線経由の根室を、わずか一四・七キロではあるが上回っている。

もっとも、この数字は国鉄の「営業キロ」での話で、博多まで新幹線を利用すれば、実際のキロ数では一〇七・四キロも短くなるし、さらに鹿児島の手前の伊集院から私鉄の鹿児島交通線に乗り移れば、五五・六キロも短縮されるので、枕崎と根室とのどっちが遠いかと議論してみても、しょうがない。どっちも遠いのである。

この千五百何キロかを直線になおすと、東京から中国の山東半島、あるいはソ連のハバロフスクに達する。東京からでも枕崎や根室は、それほど遠いのだから、もし根室の人が枕崎に行こうとすれば大変で、三一四八・三キロの大旅行になる。線路が曲っていることを差し引いても、なかなかの距離で、日本は広い、いや、広くはなくても長いのである。面積ばかり広くても丸っこい国土より、狭くても長いほうがおもしろいのではないかと思う。

それはとにかく、終着駅へと言うからには枕崎は欠かせない。行くとすれば、もちろん鉄道である。飛行機ばかり利用しては日本が狭くなる。

それで、ついでに、ちょっと遠回りしてみようと私は、最短距離の鹿児島本線ではなく、日豊本線経由のスケジュールをたてた。東京発17時48分の新幹線で出発して、岡山から寝台特急の「彗星3号」に乗りかえ、翌朝は別府あたりで夜が明けて、日豊本線の沿線風景を眺めながら宮崎を過ぎて都城着11時50分、ここで、あとから追いついてきたディーゼル特急の「にちりん1号」に移り、霧島山と桜島を肴に駅弁を食べて西鹿児島着13時23分、五分待ちで指宿枕崎(いぶすきまくらざき)線の「快速」に接続して山川着14時29分、山川はおもしろいところだから、大急ぎで見物して山川発15時41分に乗り、枕崎着16時52分、というものであった。

これは、かなり出来のいいスケジュールである。わかる人が見れば、東京発が西鹿児島行の特急「はやぶさ」よりも遅いこと、そして、指宿枕崎線への接続が「はやぶさ」より二時間も早いこと、さらに日豊本線回りであることなど、高く評価してくれるにちがいない。

と、私は得意であったが、編集部の秋田さんは所用があって今回は同行せず、カメラの山内さんも飛行機で鹿児島に直行し、私が来るまで撮影に精を出すという心外なことになった。

ひとりで日向灘や桜島を眺め、西鹿児島から指宿枕崎線に乗ると、さすがに眠い。きょうは三月二日（昭和五七年）、南九州はすでに春だ。トロトロしていると、指宿に着いて、私の前に見たことのある顔が坐った。山内さんであった。

指宿を発車すると勾配を登り、右にカーブしながら岬の背を越える。左窓に山川港が現れる。噴火口の縁が切れ、海とつながって出来たというだけあって丸い形をしており、入口は狭い。「自然の良港」の典型のような港で、波のない海面に漁船の影が逆さまに映っている。

港が火口跡という山川付近は、温泉の上に乗っかったようなところで、あちこちに温泉が湧いている。私たちは、その一つの鰻池へ行ってみた。山川からタクシーで一〇分ぐらいのところである。

鰻池は周囲四キロばかりの円形の火口湖で、緑濃い山に囲まれた静かなところだが、その一隅に温泉が湧き、そこに「鰻」という小集落が

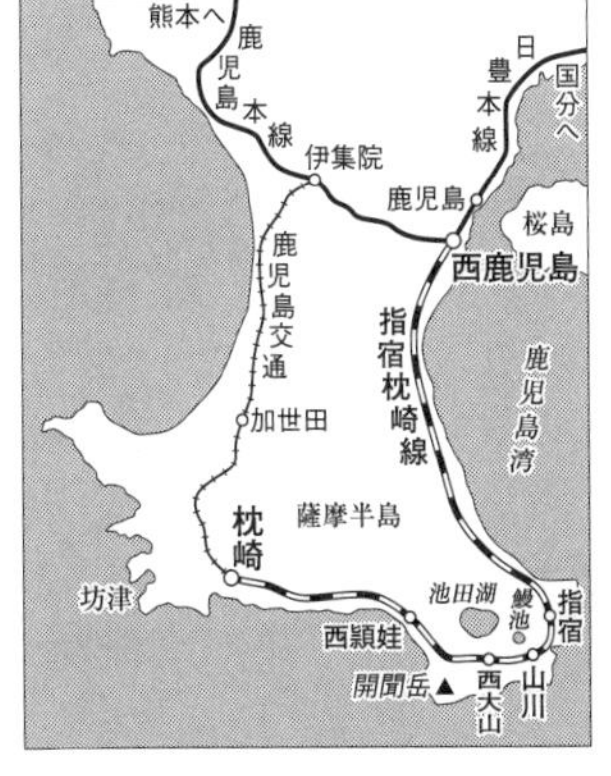

ある。ここは何もかも「鰻」で、池の名も鰻、獲れるのも鰻、集落の名も鰻、そして、かつては住民の姓もすべて「鰻」であったという。けれども、運転手の話によると、みんな改姓して、いまは「鰻さん」が一軒しかないという。よそへ働きに出ると、やはり鰻姓ではぐあいがわるいのでしょう、と運転手は言った。

鰻集落に入ると、いたるところに湯気が上っている。噴気口に手をかざした山内さんが、アチチッと手を引っこめる。何軒かの家では噴気口の上にカマドをしつらえ、大きな鍋がかかっている。これで米でもなんでも炊けるのだそうだ。

まだ三時前だというのに、手拭をさげた湯上りのおじさんが陶然と道を歩いている。山に囲まれた静かな湖、あり余る温泉、暖かい日差し。ここは別天地である。思わず、うらやましいとつぶやくと、運転手は、

「でも、こんなところに住んでいたらボケちゃいますよ。若い人は、よそへ出ていきますね」

という意味のことを鹿児島なまりで言った。

鰻池から引き返し、山川の港町をちょっと見てから、山川発15時41分の枕崎行に乗る。三両編成のディーゼルカーの客は男女の高校生ばかりであった。

賑やかな車内に飛び交うのは鹿児島弁で、これはもう、どんなに聞き耳を立てても何

をしゃべっているのかわからない。

山川から二つ目に西大山（にしおおやま）という駅がある。片側にホームがあるだけの無人駅だが、ここが日本最南端の駅で、北緯三一度一一分にあり、白い大きな標柱が立っている。最北端の稚内駅は北緯四五度二五分だから、その差は一四度一四分になる。

わずかな停車時間を利用して「日本最南端駅」の標柱といっしょに写真をとる。車掌が私たちの撮影が終るのを待っている。西大山での乗降客は一人もなく、写真を写すために停車してくれたようなものであった。

左窓に開聞岳が近づき、薩摩川尻、東開聞、開聞と無人駅に小まめに停車しながら、その北麓を抜けると、なだらかな海蝕台地の上に出る。逆光で白波が光る水平線上に小さな島が三つ見える。地図を開くと、左から竹島、硫黄島、黒島の順である。一説によれば、俊寛が流された「鬼界ヶ島」は硫黄島のことだという。

海岸の岩礁には東シナ海の波が砕け、沖には恐しげな島が浮かんでいるが、列車の走る台地の上は緩やかな起伏で、一面の麦畑、野菜畑になっている。これが夏になるとサツマイモに変り、そして焼酎になる。鹿児島に来ていらい、酒の広告といえば焼酎ばかりである。今晩の一献は焼酎なのだろうか、本当は日本酒のほうがいいのだが、と思う。

頴娃（えい）町の中心駅西頴娃に着くと、高校生の半数が下車し、代って別の高校生がどっと乗ってきた。これまでの高校生にくらべて思いなしか態度が荒っぽく、ますます言葉がわからない。

山川と枕崎との間は一六の駅があるが、駅員が配置されているのは西頴娃だけであり、上下列車の行きちがいができるのもここだけである。三七・九キロの区間に交換駅が一つしかなくては列車ダイヤ作成がやりにくかろうと察するけれど、この区間は一日六往復だから、なんとかなるのだろう。

西頴娃からも同じように麦畑と野菜畑の台上を行く。野菜で眼につくのはグリーン・ピースとラッキョウで、あとはビニール・ハウスに被われているから、よくわからない。その麦畑と野菜畑のなかの無人駅に高校生が少しずつ降りていく。

薩摩板敷を過ぎると、山が海に迫った箇所があり、そこをトンネルで抜けると左窓に枕崎市の全景が広がって、定刻16時52分、三両のディーゼルカーは終着駅枕崎に着いた。

枕崎は国鉄指宿枕崎線の終点であるが、同時に私鉄の鹿児島交通の終点でもある。したがって、ここから鹿児島交通に乗り継げば薩摩半島をぐるりと鉄道で一周できる形になっている。ホームも共用で、片側を鹿児島交通、もう一方を国鉄が使っている。

と言うと同格のようだが、じつは枕崎駅は鹿児島交通の駅であって、国鉄はホームの片面を借用しているに過ぎないのだ。

国鉄指宿枕崎線が開通したのは昭和三八年であるが、鹿児島交通は、それよりずっと歴史が古く、昭和六年に枕崎まで開通させていて、国鉄の大先輩なのである。

駅舎やホームが古びているのはそのためで、駅員もすべて鹿児島交通の社員であった。東京からもっとも遠い終着駅の栄誉を担う枕崎が借りものというのは情ない気もするが、そのかわり、ぐあいのよいこともあって、国鉄駅なら入場券が一一〇円だが、鹿児島交通の駅だから五〇円で中に入れる。

ホームの西端に立って西方を眺めると、鹿児島交通のレールが山裾を回って伊集院へと向っている。国鉄のは雑草のなかへ消えていて、行き止まりに見える。気になるので、雑草をかき分けながら国鉄のレールをたどって行くと、五、六〇メートル先で鹿児島交通のレールにつながっていた。

さて、今夜の宿は坊津(ぼうのつ)である。坊津までタクシーなら一五分で行ける。坊津は鑑真の渡来地であり、鎖国時代を偲ばせる密貿屋敷も残っている。それに、景色もよく、魚もおいしいだろう。枕崎まで来たからには、ぜひ泊ってみたいところであった。

枕崎と坊津の間には耳取(みみとり)峠という低い峠がある。「見とれる」が「耳取」に転じたとも言われるだけあって、この峠から眺める開聞岳は美しい。標高は九九二メートルに過ぎないが、海からそそり立っているので低くは見えない。そして、何より形がよい。私たちは、しばらく開聞岳に見とれた。

坊津の宿は、小さな港町にふさわしく、民宿風であった。入江に面した景色のよい宿である。

夕食の膳にはカツオの頭の煮つけが出た。はじめてなので鼻を近づけると、強烈な臭いがした。

ところで、膳が並んだのに、お飲物は？　の質問がない。ビールを一杯と、あと日本酒を飲みたいのだが、と思っていると、気のよさそうなおカミさんが、

「お酒はこれを飲んでいただかなくちゃ」

と言いながら焼酎のお湯割りを持ってきた。

あとがき

ここに収められた二五篇は月刊誌『旅』の昭和五七年一月号から五八年一二月号にかけて、「終着駅へ」の題で二四回にわたって連載されたものである。回数に比して一篇多いのは、根室標津を目指す途次、どうしても根室へ行ってみたくなり、二つの終着駅を一回で書いた格好になったので、単行本とするにあたり二篇に分けたためである。

連載中は、北海道の増毛のつぎは九州の門司港、その帰途に北陸の三国港へ、というように東奔西走であったが、本書では地域別に配列した。そのため取材年月が前後しているので、参考までに『旅』での掲載順を記すと、

十勝三股・糠平、増毛、門司港、三国港、枕崎、比立内、女川、谷汲、伊勢奥津、片町、東赤谷、武豊、杉安、仙崎、海芝浦、根室、根室標津、瀬棚、熱塩、井川、間藤、海部、別所温泉、境港、氷見

であった。

『旅』では「写真」と「文」が組み合わされた形で掲載されたので、写真家の山内住夫さんと同行する機会が多かったが、山内さんにとっては、さぞ仕事がやりにくかったろうと申しわけなく思っている。と言うのは、私は汽車に乗って終着駅へ向っていればそ

れでよいのだが、山内さんはそうはいかないからである。私のスケジュールに合わせながら、一日に数本しか運転されないローカル線の列車を遠くから撮影するなど、不自由なことが多かったろうと思う。その間に立って、編集部の秋田守さんは、いろいろ調整に苦労されたようだ。

ただ、終着駅の宿で三人が落ち合い、一献を傾けながら土地の魚を賞味するのは楽しかった。各篇の末尾に、しばしば食べものの話が現れるのは、私が食いしん坊だからではあるが、そうした事情のあとにくる楽しさの印象が強かったためでもある。

連載をはじめた当時の『旅』の編集長の高橋洋さん、つぎの編集長の寺下正康さん、単行本にするにあたっては第四図書編集部長の川村知哉さんと同部の生駒盾子さんの皆さんのお世話になった。

一九八三年一二月

著者

解説　円熟期に生み出された必然と幸運——新装版によせて

小牟田哲彦

紀行文学というジャンルで作品の巧拙を左右するのは、著者の筆力という当然の前提に加えて、旅先の選定段階における着想力、そして旅先における著者の取材力・観察力にあると、少なくとも私はそう考えている。自由な想像力を働かせることができる他分野の文学作品と異なる、紀行文学特有の〝制約〟とでも言えようか。

旅先の選定、これは料理の素材選びのようなもので、紀行文を読む側にとっては、そもそもその本を手に取るかどうかを判断する基準にもなる。「誰でも知っている場所」を選べば、その旅先の認知度の高さゆえに作品の存在を認知されやすいだろうが、既存の紀行作品と上手に差別化しないと、どこかで読んだことのあるような凡作になる危険がある。

一方、「人が行かないような珍しい場所」を選んでも、物珍しさだけで興味を持ってくれる人は出てくる。だが、物理的・金銭的に大多数の読者が容易に足を運べないような遠隔の奥地を除けば、おおよそそういうところは、一般的な観光的要素が少ないからこそ「人が行かない」のが通例である。そういう場所へ行って何を見て、それをどう表現するか、やはり著者の観察力と表現力が問われることになる。

『終着駅へ行ってきます』は、昭和五十六年の秋から五十八年の秋まで、足かけ三年にわたって宮脇俊三が全国の終着駅を訪ね歩いて描いた作品である。本書の目次には、一般の旅行案内書にほとんど無視されている駅名がズラリと並んでおり、先の分類における後者、すなわち「人が行かないような珍しい場所」の旅の記録であることが容易に推測できる。鉄道愛好家でない人であれば、ほとんどの駅名について「これ、どこ?」と首をかしげるに違いない。

ただし、挙げられている駅は、交通不便な辺境僻地のローカル線一辺倒ではない。片町線の片町駅は大阪の中心部に位置しているし、鶴見線の海芝浦駅は京浜工業地帯のど真ん中だ。

私は東京都区内で生まれ育ち、今も都心部に住む現代の江戸っ子の一人だが、だいたい都会に住む者は「旅」と聞けば、日常生活では接する機会の少ない緑豊かな自然、地方独自の風土とのふれあい、温泉、郷土色豊かな美味しい食べ物などを想像しがちである。宮脇自身も昭和初期からずっと東京都民(戦前は東京府民)であり、そうした意識は少なからず持っていたと思われる。本書には、そうした要素を持つ場所も確かに含まれている。

だが、「遠くへ行くばかりが旅ではない」「日常性の脱却にこそ旅の価値があるのであって、距離は問題ではない」（海芝浦〔鶴見線〕）との悟りを得ていた宮脇は、豊かな自然も独自の風土も温泉も郷土食もなく、まともな観光客の来訪などほとんど想定していない通勤電車のターミナルや工業地帯の懐深くに位置する駅と、旅情溢れる北海道の最果ての終着駅とを、紀行作品の舞台として平然と同列扱いしている。その着想は、本書を単なる田舎の汽車の乗車記集にとどまらせず、日本列島各地の多彩な表情を終着駅という視点から描き出すことに成功した大きな要因と言えるだろう。

平成二十年に新潮社から出た『「最長片道切符の旅」取材ノート』によって具体的に明らかになったように、宮脇は、特に作家転身後の初期において、旅先で詳細なメモを取っていた。メモ帳を旅行先に携帯する習慣は会社員時代からあったが、紀行作家として「旅行記を書かねばならぬという意識」（『駅は見ている』平成九年・小学館）が強かった宮脇は、現地で確認した事実関係をこまごまと記録し、目にした風景を叙述し、その時々の所感に至るまでこまめに書き綴っていた。作家デビューの三年半後に始まった連載から成る本書は、そんな詳細なメモを取っていた初期作品の一つである。

取材メモに対する宮脇の思想と行動は、初期と晩年とではっきり異なっている。晩年は「メモを見て思い出すようなことは書くに値しない」（前出『駅は見ている』）と考えるようになり、旅行当時の生の印象をほとんど記録に残さなくなった。

もっとも、それが本当にメモに対する確たる思想のみに基づく行動だったと断言することは、私には難しい。宮脇はＪＴＢの月刊誌『旅』の特集「宮脇俊三の世界」（二〇〇〇〔平成十二〕年九月号）に掲載された「自筆旅年譜」の平成五年の欄に、「注文による旅行が億劫である」とはっきり記している。仕事としての旅行を繰り返すうちに生まれた惰性が、詳細にメモを取って作品に活かそうとする初期の情熱を徐々に薄れさせたのではないか、というのが、宮脇作品の作風の変遷に対する私見である。そこには、加齢による抗いようのない肉体的衰えも影響していただろうか。

本書に登場する各終着駅に至るまでの移りゆく車窓や人との出会いの描写は、どれも微に入り細を穿つ緻密さが行間から滲み出るほどで、それでいて表現は簡潔にしてさりげない。いくら卓越した文章力を持っていても、記憶のみに頼っていては、ここまでの作品に練り上げることは絶対に不可能である。何もない無名の終着駅への旅を魅惑の鉄道紀行として描き出した本書が、旅先での諸事観察とその記録に相当の精力を用いていた時期に生み出されていたことは、必然にして幸運であったと言えるのかもしれない。

そうした旅先選定の着想や緻密な観察眼を基盤にした肝心の表現力については、これも私などがここで今さら論評するまでもない。

宮脇の作風に関しては、拙著『宮脇俊三の紀行文学を読む』（令和三年・中央公論新社）で、本書の「十勝三股・糠平〔士幌線〕」の一節を例に、初出の『旅』一九八二（昭和五十七）年一月号の同一部分と比較して細部の違いを指摘し、宮脇が本書執筆時点でどのような文体を志向していたのかについて言及している。他の駅の章も含め、『旅』連載当時の初出文章に全て目を通してこの文庫版と比較してみると、単なる用字用句の修正にとどまらず、一文が加筆ないし削除されたり、別の言い回しに置き換えられたりしている箇所が各回の随所にあることが確認できるのだ。

雑誌でいったん発表した文章であっても手を緩めない宮脇の徹底した推敲重視の姿勢と一言一句へのこだわりは、宮脇がつとに強調していた。本書もまた、そのような推敲の積み重ねと細部へのこだわりの結晶の一つなのである。文章の「洗練」とは、このような作品に対してこそ使うべき言葉ではないか。私はそう思っている。

最後に、平成二十二年に河出文庫のラインナップに並んだ本書がこのたび、十二年ぶりに新装版として再び世に出るにあたり、四十年前に宮脇が旅した各終着駅のその後について触れておきたい。

本書に登場する終着駅のうち根室標津、十勝三股・糠平、増毛、瀬棚、熱塩、東赤谷、谷汲、片町、杉安の十駅は、路線の廃止等に伴い姿を消してしまった。このうち五駅は北海道にあった。本書に登場した北海道の駅は、根室を除き全滅したことになる。

比立内、間藤、三国港、海部の四駅は、所属する路線の運営母体が別会社に変わった。比立内は路線の延伸によって、行止りの終着駅ではなくなった。海部は、平成四年に第三セクターの阿佐海岸鉄道が南へ延伸したことで、本書で言えば、国鉄線としては終点だが鹿児島交通と接続している枕崎に似た状況になった。さらにそれから二十八年後の令和二年、JR側の海部―阿波海南間が阿佐海岸鉄道に編入され、海部は完全な中間駅となった。同鉄道は令和三年、線路と道路の両方を走行できるバス車両、デュアル・モード・ビークル（DMV）による世界初の営業運行を開始しており、海部はDMVの鉄道営業区間の中間駅へと変貌している。

最南端の枕崎は、接続していた鹿児島交通が昭和五十九年に廃止されて行止り駅となったが、駅施設は引き続き鹿児島交通が所有し、JRはホームや線路を間借りする状態が続いていた。その後、平成十八年に駅の位置が指宿方面へ百メートルほど移動し、借り物だった駅舎は解体されている。

女川は平成二十三年の東日本大震災で津波に襲われ、駅舎や車両が流失する壊滅的な被害を受けた。現在の女川駅は、震災から四年後に、旧駅から約二百メートル内陸側へ移動した場所に再建されている。

伊勢奥津を終着駅とする名松線は国鉄末期の廃線候補リストから除外されて奇跡的に

生き残ったものの、平成二十一年秋の台風で家城—伊勢奥津間が不通になった。この事態に対してJR東海は当初、不通区間は鉄道ではなくバス輸送に切り替える方針を打ち出した。それはまさに、かつての士幌線糠平—十勝三股間のような休線・バス代行輸送スタイルの再現であり、伊勢奥津駅は、本書に登場する荒廃した十勝三股駅のようになる可能性さえあった。だが、名松線の場合は、三重県や沿線自治体である津市が、被災区間周辺の山間部や河川部の管理を担い、安全運行に責任を持つこととなり、これを受けてJR東海が鉄道復旧に方針転換。平成二十八年、六年半ぶりに家城—伊勢奥津間で列車の運行が再開され、現在に至っている。

かように約四十年の歳月は、目次に並ぶ二十六駅の多くに大きな変化をもたらした。宮脇の訪問当時と令和四年現在とで、駅の所属会社（国鉄がJRになった点は除く）も終着駅としての位置づけも変わらないのは根室、海芝浦、別所温泉、氷見、井川、武豊、伊勢奥津、境港、仙崎、門司港の十駅だけである。したがって本書は、すでに消滅した路線も含め、国鉄分割・民営化の直前期における日本各地の生活路線の模様を今に伝える貴重な記録ともなっているのである。もちろん、そんな歴史的価値を備えるに至った原因もまた、多彩な性格の終着駅を選定した着眼点、鋭い観察眼による熱心で緻密な取材、そしてその成果を巧みに本文に織り込む宮脇の筆力にあることは言うまでもない。

（作家）

＊この作品は一九八四年二月に日本交通公社出版事業局、一九八六年八月に新潮文庫、二〇一〇年六月に河出文庫より刊行された。
＊地図作成：小野寺美恵

新装版
終着駅へ行ってきます

二〇一〇年 六 月二〇日 初版発行
二〇二二年 九 月一〇日 新装版初版印刷
二〇二二年 九 月二〇日 新装版初版発行

著　者　宮脇俊三
発行者　小野寺優
発行所　株式会社河出書房新社
〒一五一－〇〇五一
東京都渋谷区千駄ヶ谷二－三二－二
電話〇三－三四〇四－八六一一（編集）
〇三－三四〇四－一二〇一（営業）
https://www.kawade.co.jp/

ロゴ・表紙デザイン　粟津潔
本文フォーマット　佐々木暁
印刷・製本　中央精版印刷株式会社

Printed in Japan　ISBN978-4-309-41916-9

時刻表2万キロ

宮脇俊三　47001-6

時刻表を愛読すること四十余年の著者が、寸暇を割いて東奔西走、国鉄（現ＪＲ）二百六十六線区、二万余キロ全線を乗り終えるまでの涙の物語。日本ノンフィクション賞、新評交通部門賞受賞。

汽車旅12カ月

宮脇俊三　41861-2

四季折々に鉄道旅の楽しさがある。１月から12月までその月ごとの楽しみ方を記した宮脇文学の原点である、初期『時刻表２万キロ』『最長片道切符の旅』に続く刊行の、鉄道旅のバイブル。（新装版）

旅の終りは個室寝台車

宮脇俊三　41008-1

寝台列車が次々と姿を消していく。「最長鈍行列車の旅」等、鉄道嫌いの編集者との鉄道旅を締めくくるのは、今はなき「はやぶさ」だった……。昭和の良き鉄道風景を活写する紀行文学。

終着駅

宮脇俊三　41122-4

デビュー作『時刻表２万キロ』と『最長片道切符の旅』の間に執筆されていた幻の連載「終着駅」。発掘された当連載を含む、ローカル線への愛情が滲み出る、宮脇俊三最後の随筆集。

ローカルバスの終点へ

宮脇俊三　41703-5

鉄道のその先には、ひなびた田舎がある、そこにはローカルバスに揺られていく愉しさが。北海道から沖縄まで、地図を片手に究極の秘境へ、二十三の果ての果てへのロマン。

ちんちん電車

獅子文六　41571-0

品川、新橋、銀座、日本橋、上野、浅草……獅子文六が東京を路面電車でめぐりながら綴る、愛しの風景、子ども時代の記憶、美味案内。ゆったりと古きよき時代がよみがえる名エッセイ、新装版。

山手線をゆく、大人の町歩き

鈴木伸子　41609-0

東京の中心部をぐるぐるまわる山手線を各駅停車の町歩きで全駅制覇。今も残る昭和の香り、そして最新の再開発まで、意外な魅力に気づき、町歩きの楽しさを再発見する一冊。各駅ごとに鉄道コラム掲載。

中央線をゆく、大人の町歩き

鈴木伸子　41528-4

あらゆる文化が入り交じるＪＲ中央線を各駅停車。東京駅から高尾駅まで全駅、街に隠れた歴史や鉄道名所、不思議な地形などをめぐりながら、大人ならではのぶらぶら散歩を楽しむ、町歩き案内。

わたしの週末なごみ旅

岸本葉子　41168-2

著者の愛する古びたものをめぐりながら、旅や家族の記憶に分け入ったエッセイと写真の『ちょっと古びたものが好き』、柴又など、都内の楽しい週末“ゆる旅”エッセイ集、『週末ゆる散歩』の二冊を収録！

瓶のなかの旅

開高健　41813-1

世界中を歩き、酒場で煙草を片手に飲み明かす。随筆の名手の、深く、おいしく、時にかなしい極上エッセイを厳選。「瓶のなかの旅」「書斎のダンヒル、戦場のジッポ」など酒と煙草エッセイ傑作選。

HOSONO百景

細野晴臣　中矢俊一郎〔編〕　41564-2

沖縄、ＬＡ、ロンドン、パリ、東京、フクシマ。世界各地の人や音、訪れたことなきあこがれの楽園。記憶の糸が道しるべ、ちょっと変わった世界旅行記。新規語りおろしも入ってついに文庫化！

うつくしい列島

池澤夏樹　41644-1

富士、三陸海岸、琵琶湖、瀬戸内海、小笠原、水俣、屋久島、南鳥島……北から南まで、池澤夏樹が風光明媚な列島の名所を歩きながら思索した「日本」のかたちとは。名科学エッセイ三十六篇を収録。

香港世界

山口文憲　41836-0

今は失われた、唯一無二の自由都市の姿——市場や庶民の食、象徴ともいえるスターフェリー、映画などの娯楽から死生観まで。知られざる香港の街と人を描き個人旅行者のバイブルとなった旅エッセイの名著。

にんげん蚤の市

高峰秀子　41592-5

エーゲ海十日間船の旅に同乗した女性は、ブロンズの青年像をもう一度みたい、それだけで大枚をはたいて参加された。惚れたが悪いか——自分だけの、大切なものへの愛に貫かれた人間観察エッセイ。

巴里ひとりある記

高峰秀子　41070-1

1951年、27歳、高峰秀子は突然パリに旅立った。女優から解放され、パリでひとり暮らし、自己を見つめる、エッセイスト誕生を告げる第一作の初文庫化。

旅と移動　鶴見俊輔コレクション3

鶴見俊輔　黒川創〔編〕　41245-0

歴史と国家のすきまから、世界を見つめた思想家の軌跡。旅の方法、消えゆく歴史をたどる航跡、名もなき人びとの肖像、そして、自分史の中に浮かぶ旅の記憶……鶴見俊輔の新しい魅力を伝える思考の結晶。

ニューヨークより不思議

四方田犬彦　41386-0

1987年と2015年、27年の時を経たニューヨークへの旅。どこにも帰属できない者たちが集まる都市の歓喜と幻滅。みずみずしさと情動にあふれた文体でつづる長編エッセイ。

アァルトの椅子と小さな家

堀井和子　41241-2

コルビュジエの家を訪ねてスイスへ。暮らしに溶け込むデザインを探して北欧へ。家庭的な味と雰囲気を求めてフランス田舎町へ——イラスト、写真も手がける人気の著者の、旅のスタイルが満載！

著訳者名の後の数字はISBNコードです。頭に「978-4-309」を付け、お近くの書店にてご注文下さい。